Mirko Dominiak

# Konzertveranstalter

Wissen wie's geht

Bibliografische Informationen der Deutschen Nationalbibliothek: Die Deutsche Nationalbibliothek verzeichnet dieses Produkt in der Deutschen Nationalbibliografie; detaillierte bibliografische Daten sind im Internet über dnb.dnb.de abrufbar.

© 2025 Mirko Dominiak

| | |
|---|---|
| Lektorat: | Holger Wenk |
| Coverdesign: | Mirko Dominiak |
| Umschlagmotiv: | neuroflash.com |
| Grafische Elemente: | Freepik.com / Flaticon.com |
| Verlag: | BoD · Books on Demand GmbH, In de Tarpen 42, 22848 Norderstedt, bod@bod.de |
| Druck: | Libri Plureos GmbH, Friedensallee 273, 22763 Hamburg |

ISBN: 978-3-7583-4263-9

# Inhaltsverzeichnis

# Vorwort

Egal, ob du selbst Musiker bist, ob du einfach nur gerne Konzerte besuchst oder ein Liebhaber der Live-Szene bist – dieses Buch ist genau das Richtige für dich! Es richtet sich an alle, die davon träumen, ein eigenes öffentliches Konzert zu veranstalten und damit der Magie der Live-Musik neuen Raum zu geben.

Hier findest du alles, was du wissen musst, um ein Live-Konzert sicher zu planen und erfolgreich durchzuführen. Dieses Buch basiert auf meinem vorherigen Werk – „Mein erstes Live-Konzert als Veranstalter", das 2024 erschienen ist. Aber keine Sorge, in diesem Buch konzentrieren wir uns ausschließlich auf den praktischen Teil! Du erhältst klare Anleitungen zu Planung, Organisation und Durchführung einer öffentlichen Veranstaltung.

Besonders spannend wird es für dich, wenn du Nachwuchskünstler bist, denn oft bleibt dir als Newcomer oder regionale Band der Zugang zu den großen Bühnen kommerzieller Veranstalter verwehrt – aber das muss nicht sein! Ich gehe in diesem Buch ausführlich auf das Thema Eigenveranstaltung ein, denn du hast die Möglichkeit, selbst aktiv zu werden und ich zeige dir, wie du deine Musik selbst auf eine öffentliche Live-Bühne bringst.

Lass uns ehrlich sein: Die Live-Szene lebt nicht in erster Linie von den großen Hallen- und Stadionkonzerten. Der wahre Herzschlag der Live-Musik pulsiert in den vielen kleinen Klubs, Kneipen und auf regionalen Festivals unseres Landes. Hier blüht die künstlerische Vielfalt auf und echte Innovation entsteht nur durch den musikalischen Nachwuchs und Independent Acts, abseits des von der Industrie propagierten Mainstreams – und genau hier sollte dein Platz als Konzertveranstalter sein!

Du möchtest also etwas Großartiges schaffen, wovon viele nur träumen - dafür gebührt dir mein Respekt! Ich freue mich riesig darauf, dich bei den ersten Schritten auf deinem Weg zu begleiten. Mit diesem Buch gebe ich dir alle Infos an die Hand, die du brauchst, um dein erstes Live-Konzert eigenständig zu planen und durchzuführen.

In den einzelnen Kapiteln zeige ich dir Schritt für Schritt, welche Aufgaben und Herausforderungen dich erwarten – und wie du sie meisterst! Und keine Sorge: Meine Tipps sind nicht auf einen bestimmten Musikstil beschränkt.

Von der Wahl des perfekten Veranstaltungsorts über das Booking der Künstler bis hin zur Finanzierung deiner Veranstaltungen – alles Wichtige findest du hier. Du wirst lernen, wie du Gagen abrechnest, Steuern und Gebühren im Blick behältst und sogar die Abgaben zur Künstlersozialkasse managst.

Die Live-Szene wartet auf deine frischen Ideen, dein innovatives Wirken und vor allem auf deine Leidenschaft – das sind die Zutaten, die der Live-Szene guttun.

Und denke immer daran: Es ist nicht nur eine Frage der Musik. Bei Live-Konzerten geht es auch um Emotionen, Gemeinschaft, Vernetzung und Professionalität. Es geht darum, besondere Momente zu kreieren, die in Erinnerung bleiben.

Um das hier niedergeschriebene Wissen und meine Erfahrungen aus fast 1.000 Live-Konzerten möglichst vielen Interessenten zugänglich zu machen, habe ich den Preis für dieses Buch bewusst niedrig gewählt. Der ConcertCalculator, die Musterverträge und Checklisten, in denen ein Teil meines Knowhows als Konzertveranstalter steckt und auf die ich an einigen Stellen im Buch Bezug nehme, sind deshalb nicht Bestandteil dieses Buches.

 Aber wenn du wirklich bereit bist, dein erstes Live-Konzert zu rocken, kannst du diese digitalen Hilfsmittel ganz einfach über den QR-Code oder diesen Link beziehen: (**https://kurzlinks.de/7g3z**)

Du bist bereit? Also, leg los und lass Live-Musik unter deinen Händen zu neuer Blüte gedeihen!

## 1. Live music never dies

Klar, das Leben hat seine Höhen und Tiefen, aber mal ehrlich: Wer von uns würde den Zauber eines Live-Events gegen einen gemütlichen Fernsehabend auf dem Sofa eintauschen? Du etwa? Ich ganz sicher nicht!

Es ist einfach unglaublich, wie sich fremde Menschen in der Musik verlieren und daraus neue Energie für ihren Alltag schöpfen – das kann nur ein Live-Konzert! Es ist ein einmaliges Erlebnis, ein echtes Unikat für Publikum und Künstler.

Bei Live-Konzerten geht's um mehr als nur um Musik. Es geht um gemeinsame Erlebnisse, Nähe, Menschlichkeit und all die Emotionen, die in jedem Song stecken und nur live wirklich fühlbar sind. Stell dir vor: Die Lautsprecher dröhnen, die Band spielt die ersten Akkorde und die Menge beginnt zu toben. Menschen tanzen spontan, lassen sich vom Rhythmus mitreißen und vergessen für einen Moment alles andere. Sie sind da, sie sind zusammen und sie spüren das Leben in jedem Beat. Das ist Live-Musik pur!

Und du? Du bist mittendrin! Du bist Teil dieses magischen Moments. Egal, ob du gerade erst anfängst, Konzerte zu organisieren oder schon Erfahrung hast – du trägst dazu bei, dass Live-Musik niemals untergeht. Mach dir keinen Kopf wegen irgendwelcher Schwierigkeiten oder Hindernisse. Die gehören zum Lernprozess dazu! Am Ende des Tages, wenn die Lichter ausgehen und der Applaus durch den Raum hallt, wirst du wissen: Das hat sich gelohnt!

In diesen glückseligen Moment denkt kaum jemand daran, dass es bei einem Live-Konzert nicht nur um Spaß geht – da steckt auch eine Menge harte Arbeit dahinter. Und genau hier kommst du ins Spiel! Ich freue mich riesig, dass du dieses Buch in den Händen hältst. Es soll dir helfen, als Veranstalter noch besser zu werden, denn mit deiner Professionalität kannst du einen echten Beitrag leisten, damit Live-Musik weiterlebt und auch in Zukunft die Herzen der Menschen berührt und niemals stirbt!

Die Szene braucht dich – wir alle zählen auf dich! Also pack's an und lass uns gemeinsam dafür sorgen, dass die Magie Live-Musik weiterlebt!

## 2. Was macht ein gutes Live-Konzert aus?

Du kennst das Gefühl bestimmt: Du verlässt ein Konzert, dein Herz schlägt wie verrückt und dein Kopf ist voller Musik und Energie. Das ist der Moment, in dem du weißt: Hier warst du gerade bei einem richtig genialen Live-Event! Aber was macht so ein Konzert eigentlich so besonders, so unvergesslich?

Es beginnt bei den Künstlern. Sie sind die Stars des Abends! Ihre Energie? Ansteckend! Ihr Können? Einfach wow! Es ist diese magische Verbindung, die sie mit ihrem Publikum aufbauen, während sie ihre Songs performen und Geschichten erzählen. Und hier kommst du ins Spiel: Du als Veranstalter bist dafür verantwortlich, ihnen die perfekte Plattform zu bieten, damit sie wirklich strahlen können.

Die Location ist dabei ein ganz entscheidender Faktor. Stell dir vor, du bist in einem kleinen Indie-Klub, einer ehrwürdigen Kirche oder sogar in einer alten Werkhalle. Der richtige Ort kann die Stimmung und die Magie eines Konzertes enorm beeinflussen. Er muss zum Charakter deiner Veranstaltung passen und die richtigen Vibes versprühen – das ist entscheidend!

Und hey, lass uns die Technik nicht vergessen! Von der Soundanlage, die jeden Ton klar und störungsfrei überträgt, bis hin zur Lichtshow, die jede Performance visuell zum Leben erweckt – all diese kleinen Details tragen dazu bei, dass das Konzerterlebnis unvergesslich wird.

Aber das Wichtigste? Das Publikum! Ihre Begeisterung, ihre Energie und der Applaus – das ist der Treibstoff, der die Stimmung zum Überkochen bringt! Sorge dafür, dass deine Besucher einen Rahmen haben, in dem sie sich wohlfühlen und gerne wiederkommen.

Also, was macht ein großartiges Live-Konzert aus? Es ist die perfekte Mischung aus all diesen Elementen – ein Feuerwerk aus Klängen, Emotionen und Erinnerungen! Und du bist derjenige, der das Zündholz in der Hand hält.

Nur wenn alles zusammenpasst, schaffst du ein Konzerterlebnis, an das sich alle erinnern werden.

Klingt das nicht fantastisch? Also, worauf wartest du noch? Lass uns gemeinsam ein solch, unvergessliches Erlebnis schaffen!

# 3. Du hast BOCK, aber keine Ahnung

Super, du hast also den Entschluss gefasst, ein Konzert zu veranstalten.

Stell dir mal vor, das Licht der Scheinwerfer strahlt auf die Bühne, das Publikum tobt und die Band bringt alle zum Rocken! Aber Moment mal – du hast keine Ahnung, wo du anfangen sollst? Kein Grund zur Panik! Du stehst am Anfang eines aufregenden Abenteuers, und ich bin hier, um dir den Weg zu zeigen.

Erst einmal gratuliere ich dir zu deinem Mut! Es ist großartig, dass du bereit bist, diesen Schritt zu wagen und deine Liebe zur Musik in etwas Konkretes zu verwandeln. Deine Leidenschaft ist dein Antrieb, lass uns also loslegen.

## 3.1 Was du selbst mitbringen musst

Als Veranstalter eines Live-Konzerts bist du viel mehr als nur ein Planer. Du bist Organisator, Problemlöser, manchmal sogar Geldgeber, aber immer Geldbeschaffer, Netzwerker und oft auch Seelenklempner in einem. Aber welche Voraussetzungen solltest du wirklich selbst mitbringen, um all diesen Anforderungen gerecht zu werden?

Als Veranstalter bist du buchstäblich für ALLES verantwortlich, damit ein Konzert reibungslos verläuft. Dein Aufgabengebiet reicht von der Bandauswahl über das Finden einer passenden Location bis hin zur Bereitstellung geeigneter Technik und nicht zu vergessen, bis zum Anlocken der hoffentlich zahlreich erscheinenden Konzertbesucher. Um dieses gewaltige Paket an Aufgaben und Herausforderungen erfolgreich wuppen zu können musst du tatsächlich Einiges selbst mitbringen.

Hier nun im Einzelnen zunächst zu den wichtigsten persönlichen Voraussetzungen, die dich zum idealen Konzertveranstalter machen:

**Organisationstalent:** Du musst gut und gerne planen und organisieren können, denn du wirst sehen, dass es unglaublich viele Dinge nicht nur am Veranstaltungstag, sondern schon im Vorfeld eines Live-Konzertes zu bedenken, abzuwägen, zu entscheiden und vorzubereiten gibt.

**Kommunikationsstärke:** Du wirst es mit vielen verschiedenen Menschen und unterschiedlichsten Charakteren zu tun haben: Daher sind sicheres Auftreten und eine gute Kommunikationsfähigkeit für den Erfolg deiner Arbeit unerlässlich. Sei in Gesprächen stets offen für andere Ideen und gehe auf die Bedürfnisse deiner Gesprächspartner ein. Gewinne sie für deine Ideen. Verrate aber gleichzeitig nicht zu viel, denn Urheberschutz für Ideen gibt es nicht. Bedenke immer, dass in dieser Branche alle auf der Suche nach dem zündenden Einfall für eine erfolgreiche Veranstaltung sind und viele machen auch vor der Benutzung fremder Ideen nicht Halt. Verrate also nicht zu viel, wenn du über deine Pläne sprichst.

**Führungskompetenz:** Als Veranstalter trägst du die Gesamtverantwortung für alles, was rund um das Live-Konzert passiert. Du musst häufig Entscheidungen treffen und dafür sorgen, dass sich alle an der Produktion beteiligten Mitarbeiter daranhalten. Du musst also in der Lage sein, dafür zu sorgen, dass wirklich alle Beteiligten an einem Strang ziehen und als dein vernetztes Team funktionieren.

**Problemlösungsfähigkeit:** Trotz gründlicher Planung und Vorbereitung gibt es wohl kaum eine Veranstaltung, bei der es nicht auch zu ungeplanten Ereignissen kommt. Eine Abweichung vom vorgesehenen Zeitplan ist da sicher noch eines der kleineren Übel, mit dem es umzugehen gilt. Auch und gerade, wenn es hektisch wird, bist du für dein Team der in der Brandung ruhende Fels. Du strahlst auch in solchen Situationen Ruhe, Besonnenheit und Kompetenz aus und fokussierst dich auf das schnelle Finden einer praktikablen Lösung zur Bereinigung der entstandenen Situation. Mit den möglichen Ursachen, die zum Problem geführt haben, setzt du dich am nächsten Tag, nach der Veranstaltung, auseinander. Beim nächsten Konzert machst du es dann einfach besser und sorgst dafür, dass das Problem nicht wieder auftritt.

**Musikliebe:** Letztendlich geht es doch darum. Du solltest Musik, oder besser – verschiedene Musikstile – kennen und lieben, ohne dabei das Gefühl dafür zu verlieren, was dein Publikum hören will.

Jetzt aber nun zur wohl wichtigsten persönlichen Eigenschaft über die du verfügen musst.

**Netzwerken, Netzwerken, Netzwerken:** Online, offline, überall. Triff Leute aus der Branche, knüpfe Kontakte. Interessiere andere für deine Vision. Biete deine Hilfe und dein Interesse an einer Mitarbeit und Unterstützung anderer Veranstaltungen an. Du wirst überrascht sein, wie viele Menschen bereit sind, mit dir zu arbeiten oder dich zu unterstützen, wenn du sie danach fragst.

Fassen wir also kurz zusammen: Als zukünftiger Konzertveranstalter musst du pfiffig und kreativ sein, Menschen und Probleme managen können, in jeder Situation die Nerven behalten und dabei nie die Liebe zur Live-Musik aus den Augen verlieren. Du musst bereit sein, für dich wichtige Branchenkontakte aufzubauen und kontinuierlich zu pflegen, um so über die Zeit auf einen großen Stamm an Helfern und Unterstützern zurückgreifen zu können.

Als Maestro hinter den Kulissen bedarf es aber neben den persönlichen auch einiger fachlicher Fähigkeiten, die du beherrschen solltest.

**Projektmanagement:** Du musst in der Lage sein, dein Konzert von Anfang bis Ende zu planen und zu managen – von deiner Veranstaltungsidee über die ersten Kontakte mit der Band bis zum letzten Applaus und der Abrechnung. Alles dein Ding.

**Technisches Verständnis:** Es ist nicht zwingend erforderlich, dass du selbst als Ton- oder Lichttechniker agierst, aber du solltest die Grundlagen verstehen. Es hilft dir dabei, den richtigen Veranstaltungsraum für dein Konzert auszuwählen, dafür zu sorgen, dass vor Ort geeignete Technik bereitsteht und etwaige Probleme schnell und effizient gelöst werden können. Du solltest selbst wissen, was machbar ist und was du für den besten Sound und eine gute Lightshow benötigst, um nicht den Empfehlungen Dritter orientierungslos ausgeliefert zu sein.

**Vertragskenntnisse:** Du wirst Verträge mit Bands, Lieferanten und Veranstaltungsorten verhandeln und abschließen. Daher solltest du in der Lage sein, Verträge zu lesen und zu verfassen. Fehler in diesem Bereich kosten meist dein Geld. Wenn es schlecht läuft, ist es nicht nur dein Geld, das deine Veranstaltung an diesem Abend nicht einspielt. Auch Vertragsstrafen oder juristische Streitigkeiten können teuer sein.

**Finanzverwaltung:** Du bist für das Budget zuständig, Voraussetzung dafür ist ein gutes Zahlenverständnis und Kalkulationstalent. In Abhängigkeit der Größe und Häufigkeit deiner Veranstaltungen wirst du recht bald eine professionelle Buchhaltung führen müssen und solltest dich mit den dazu erforderlichen kaufmännischen Grundlagen auskennen.

**Marketing-Know-how:** Du willst sicherstellen, dass deine Konzerte gut besucht werden. Dabei geht es nicht nur um ein gut gefülltes Haus, sondern um die Realisierung der von dir geplanten Einnahmen aus Ticketverkäufen. Es geht also knallhart um den wirtschaftlichen Erfolg deines Konzertes. Es ist wichtig für dich, dass du weißt, wie man Events erfolgreich bewirbt und wie Social-Media-Marketing funktioniert.

**Fremdsprachen:** Sollten sich deine Aktivitäten als Veranstalter nicht auf deutschsprachige Künstler beschränken, ist die Beherrschung der englischen Sprache nahezu unabdingbar. Außerdem benutzt die Branche eine ganze Reihe von Begriffen, die du kennen solltest und die oft aus dem Englischen übernommen wurden. Eine kleine Zusammenstellung dieser Begriffe findest du weiter hinten im „Glossar".

Wie du siehst, kommen also auf unterschiedlichsten Gebieten sehr herausfordernde Aufgaben auf dich zu, wenn du als Konzertveranstalter aktiv werden willst. Du solltest am Anfang von dir aber nicht zu viel erwarten und dich nicht zu großem Druck aussetzen. Du wirst nicht sofort alles perfekt umsetzen. Du musst aber offen sein für einen nie endenden „learning by doing" Prozess.

 Bevor du startest, klopfe zunächst dein persönliches Umfeld auf die durch deinen neuen Job als Veranstalter zu erwartenden Belastungen ab. Sprich mit deiner Familie und deinen Freunden darüber und vergewissere dich, dass sie mitziehen und dich unterstützen. Du musst dir im Klaren darüber sein, dass du als Veranstalter keinen Erfolg haben kannst, wenn du wegen der damit verbundenen, starken zeitlichen Belastung gegenüber deinen Nächsten ständig ein schlechtes Gewissen haben musst. Es ist für deinen Erfolg wichtig, dass dein Umfeld Verständnis für deine neue Leidenschaft aufbringt und dich unterstützt.

## 3.2 Ob man Veranstalter lernen kann?

Jein, Veranstalter ist kein offiziell zu erlernender Beruf. Es gibt aber mehrere Wege, in der Veranstaltungswirtschaft beruflich Fuß zu fassen und dadurch wichtige Fachkenntnisse und Kontakte für die spätere Tätigkeit als Veranstalter zu erwerben.

In Deutschland sieht die klassische kaufmännische Ausbildung für Tätigkeiten in der Veranstaltungswirtschaft so aus: Man absolviert eine dreijährige Berufsausbildung zum Veranstaltungskaufmann. Hier erlernst du wichtige Grundkenntnisse im Event-Management, wie etwa das Planen und Durchführen von Veranstaltungen. Aber auch kaufmännisches Grundwissen zur Budgetierung und zum Rechnungswesen wird dir im Rahmen dieser dreijährigen Berufsausbildung vermittelt. Mögliche Berufsschulen für diese Ausbildung kannst du zum Beispiel auf der Website planet-berufe finden, einem Angebot der Bundesagentur für Arbeit. Aber auch viele IHKs bieten Informationen zu entsprechenden Ausbildungsplätzen an.

Alternativ kannst du auch BWL oder Event-Management an einer Fachhochschule oder Universität studieren. Hier lernst du unter anderem, wie du Marketingmaßnahmen erstellst, mit

Kunden kommunizierst und Veranstaltungen rechtlich sicher planst. Einige Hochschulen, wie die Popakademie Baden-Württemberg oder die Hochschule für Musik und Theater Hamburg, haben dazu sogar spezielle Studiengänge wie z.B. "Music Management" im Programm.

Es gibt noch eine dritte Möglichkeit, und zwar eine Einstiegsqualifizierung im Bereich Eventmanagement, wie sie beispielsweise das SAE Institut Deutschland anbietet, das mehrere Standorte in ganz Deutschland hat.

Wichtig ist aber, egal welchen der oben aufgezeigten Bildungswege du wählst, dass es sich auch bei diesen Berufen, wie mit vielen anderen Berufen der Kreativwirtschaft verhält: Der erfolgreiche Berufs- oder Studienabschluss garantiert dir per se nicht dein finanzielles Auskommen. Es braucht immer auch eine Möglichkeit, das Erlernte tatsächlich gegen Bezahlung anwenden zu können. Menschen, die ihre berufliche Heimat in der Kreativwirtschaft haben, bietet der Markt nur eine sehr stark limitierte Anzahl festangestellter Beschäftigung. Vielfach stellt deshalb die Berufsausübung als Selbstständiger oder Freischaffender auch für Menschen, die beruflich in der Veranstaltungswirtschaft beheimatet sind, die einzige Möglichkeit zum Broterwerb in ihrem erlernten Beruf dar. Hier geht es also vielen genauso wie den Musikern und Künstlern, die nicht in einem Orchester oder an einem Theater fest angestellt sind.

Im gleichen Moment solltest du auch wissen, dass trotz aller Anstrengungen, die eine freischaffende oder selbstständige Tätigkeit zwangsläufig mit sich bringt, oft dennoch eine prekäre Einkommenssituation droht, wenn sich wiedererwarten der große Durchbruch nicht einstellt – trotz hervorragender fachlich-künstlerischer Fähigkeiten.

Wie die Profile aller oben vorgestellten klassischen Bildungswege deutlich machen, gibt es also keine Möglichkeit den Beruf eines Konzertveranstalters im traditionellen Sinne zu erlernen. Allerdings stellt eine Berufsausbildung im Veranstaltungswesen eine hervorragende Basis dar, um später als Veranstalter erfolgreich tätig werden zu können. Das Wichtigste, über das du als Veranstalter jedoch verfügen musst, sind deine Branchenkontakte und die kannst du selten an einer Schule oder Universität erwerben. Du musst sie durch Networking selbst knüpfen. Eine Mitgliedschaft oder Mitwirkung in einem Verein oder Verband kann dabei hilfreich sein.

Es gibt also zwei sehr gute Nachrichten für dich:

- Auch als Quereinsteiger kannst du als Veranstalter tätig werden
- Du kannst als Veranstalter zunächst, oder auch auf Dauer, nebenberuflich oder auf ehrenamtlicher Basis tätig sein

Alles notwendige Wissen kannst du dir, wie viele andere Veranstalter vor dir auch, mit Fleiß und Beharrlichkeit im „learning by doing" im Job bzw. während der Tätigkeit in der Branche komplett selbst aneignen.

Genau hier liegt deine große Chance und mit der Nutzung dieses Buches hast du einen ersten wichtigen Schritt gemacht.

## 3.3 Woher deine Aufträge kommen

Ob als ausgebildeter Veranstaltungskaufmann oder Event-Manager: Was nützt dir alles Wissen und Können, wenn du es nicht anwenden kannst? Du brauchst Aufträge und die Frage ist, wie du an die rankommst?

Es gibt viele Möglichkeiten als Veranstalter aktiv zu werden und sich in unterschiedlichem Umfang in die Organisation und Durchführung einer Live-Veranstaltung einzubringen. Es muss nicht gleich das große Konzert im Fußballstadion sein. Die verschiedenen Auftragsarten erlauben dir, dich mit Bedacht an deinen Job als Konzertveranstalter ranzutasten und dein Wissen und Können Schritt für Schritt, von Auftrag zu Auftrag, weiter aufzubauen.

 Gerade am Anfang deiner Laufbahn als Veranstalter werden deine finanziellen Möglichkeiten sehr wahrscheinlich eng begrenzt sein. Du solltest dein Risiko, diese aufs Spiel zu setzen, bei den ersten Aufträgen möglichst geringhalten.

### 3.3.1 Ein Verein beauftragt dich als Ehrenamtler

Die Musikszene ist voller Farben, Klänge und Geschichten – Vereine prägen diese Szene in einer ganz besonderen Weise. Warum? Weil sie fast wie der freundliche Nachbar von nebenan sind, der einen Haufen Ideen und Kontakte zu coolen Bands hat. Ob kleinere lokale Gigs oder größere Festivals: Vereine spielen als Konzertveranstalter eine herausragende Rolle in der Livemusik-Szene unseres Landes. Sie schaffen Räume, in denen sich Künstler frei ausdrücken und mit Musikliebhabern unvergessliche Erlebnisse teilen können.

Im Gegensatz zu kommerziellen Veranstaltern, die in erster Linie ein Geschäft führen, handeln Vereine aus Leidenschaft und Engagement – für die Musik, für die Künstler und natürlich für das Publikum. Sie tragen dazu bei, lokale Künstler zu fördern, schaffen Gemeinschaften und machen Live-Musik für alle zugänglich. Von der Unterstützung lokaler Talente bis hin zur Förderung musikalischer Vielfalt bietet Vereinsarbeit eine wesentliche Grundlage der heutigen Live-Szene.

Aktuell gibt es in Deutschland über 600.000 eingetragene Vereine und ein großer Teil beschäftigt sich mit Kultur, Kunst und Musik. Viele führen regelmäßig öffentliche Veranstaltungen auf hoch professionellem Niveau durch. Vereine arbeiten nicht in erster Linie gewinn- sondern inhaltsorientiert und unterscheiden sich von kommerziellen Veranstaltern auch durch die Art, wie sie sich finanzieren. Hier geben in erster Linie die unentgeltliche ehrenamtliche Arbeit und die Vereinsbeiträge der Mitglieder, häufig kombiniert mit kommunaler und staatlicher Förderung, den finanziellen Handlungsspielraum vor. Nicht selten finden sich dazu noch private Spender oder Sponsoren aus der Wirtschaft der Umgebung, die die kulturelle Vereinstätigkeit finanziell unterstützen. Mit Hilfe dieser nicht unmittelbar aus der Veranstaltungstätigkeit generierten finanziellen Mittel decken Vereine einen großen Teil ihres Veranstaltungsrisikos. Arbeitest du hier mit und bringst dich aktiv als Booker oder Veranstaltungsleiter ein, haftest du nicht mit deinen privaten Mitteln, denn Veranstalter im rechtlichen Sinn ist der Verein, für den du tätig bist. Andererseits ist der Verein oft froh, jemand mit entsprechender Ausbildung oder Vorkenntnissen zu haben, um seine Veranstaltungen professioneller zu gestalten.

 Suche Anschluss an einen Verein, der öffentliche Konzerte veranstaltet und bringe dich dort aktiv in die Vereinstätigkeit ein. Es gibt im Prinzip keine einfachere und bessere Möglichkeit sich in das Aufgabengebiet eines Veranstalters einzuarbeiten und sich selbst zu prüfen, ob das wirklich, was für die eigene berufliche Zukunft ist. Ganz nebenbei erfährst du hier praktisch alles, was dazu gehört, um ein Konzert zum perfekten Live-Erlebnis werden zu lassen. Hier knüpfst du Branchenkontakte so einfach, wie nirgendwo anders.

Es ist übrigens nicht zwingend erforderlich, dass du selbst Vereinsmitglied bist, um als Veranstalter für einen Verein tätig werden zu können.

### 3.3.2 Ein anderer gibt dir einen Auftrag

Wenn du auf Rechnung arbeitest, erfolgt das meist auf Grundlage eines Veranstaltungs- oder Dienstleistungsvertrages, den wir unter Punkt 3.8.4 noch genauer besprechen. Dieser schuldrechtliche Vertrag wird zwischen deinem Auftraggeber und dir als Auftragnehmer abgeschlossen. Damit kann dich der Auftraggeber mit der teilweisen oder gesamten Organisation und Durchführung einer bestimmten Veranstaltung beauftragen. Der Vertrag regelt alle Rechte und Pflichten beider Vertragsparteien.

Auf Grundlage dieses besonderen Vertragsverhältnisses bist nicht du, sondern dein Auftraggeber der eigentliche Veranstalter, was für dich gegenüber einer Eigenveranstaltung zu einigen Vor-, aber auch Nachteilen führt.

Zum einen hast du als Dienstleister deutlich weniger gestalterischen Einfluss auf die von dir zu organisierende Veranstaltung. Dein Auftraggeber bestimmt über Zeit, Ort, meist auch über Ablauf und immer über den thematischen Inhalt der Veranstaltung.

Zum anderen bestimmt dein Auftraggeber auch über das zur Verfügung stehende Budget. Das begrenzt einerseits den dir zur Verfügung stehenden gestalterischen und finanziellen Rahmen zur Ausgestaltung des Events, bietet dir aber im Gegenzug einen sehr entscheidenden Vorteil – Sicherheit!

Du erhältst für deine Dienstleistung ein vertraglich vereinbartes Honorar. Dein finanzielles Risiko ist bei der Annahme eines solchen Auftrages gegenüber der Durchführung einer Eigenveranstaltung also deutlich geringer. Oft werden sogar Teile deines Honorars nach dem Erreichen bestimmter Meilensteine im Projektablauf und damit schon während der Auftragserledigung ausgezahlt.

Auf den Punkt gebracht heißt das: Nimmst du externe Aufträge an, tauschst du Teile deiner gestalterischen Freiheit gegen die Reduzierung deines persönlichen finanziellen Risikos.

Aber wer könnte dir einen solchen Auftrag geben?

Zum Beispiel eine Band, die dich mit der Organisation eines Record-Release Konzertes oder einer ganzen Tour mit mehreren Konzerten an unterschiedlichen Orten beauftragt. Du sparst dir damit schon mal die Suche nach einer passenden Band, hast aber gleichzeitig keinen Einfluss auf die Musik, die dann von der Bühne kommt.

Auch ein Unternehmen oder eine Gaststätte könnte dich mit der Organisation seines Festes, bei dem auch eine Live-Band spielen soll, beauftragen. Die Veranstaltung soll dann sicher in betrieblichen Räumen stattfinden und du musst keine Location finden. Allerdings musst du dich dann zwangsweise mit der vorgegebenen Räumlichkeit anfreunden und das auch dann, wenn sie akustisch vielleicht nur bedingt für eine Live-Band geeignet ist. Du musst dich nicht um den Verkauf von Eintrittskarten und die Veranstaltungswerbung kümmern und das Beste ist: Dein Honorar hängt nicht von Besucherzahlen ab, sondern ist FIX.

Gerade zum beruflichen Einstieg als Veranstalter, bietet dir ein Veranstaltungsvertrag eine sehr gute Ausgangsbasis. Deine damit übernommenen Aufgaben sind fast identisch zu einer Eigenveranstaltung, die wir noch besprechen werden. Solange du dich mit den tatsächlichen Veranstaltungskosten im vereinbarten Budget bewegst, liegt dein finanzielles Risiko hier praktisch bei NULL, da du als Dienstleister ein fixes Honorar erhältst.

Gelingt es dir dann sogar einige Kosten zu sparen, kannst du dein Fixum, bei entsprechender Vertragsgestaltung noch aufstocken.

Du gehst hier also nur mit deiner Leistung und deinem Aufwand, nicht aber mit deinem eigenen Geld ins Risiko.

### 3.3.3 Du kooperierst mit anderen

Wie heißt es doch so schön? Geteiltes Leid ist halbes Leid. Man könnte aber auch sagen, geteiltes Risiko ist halbes Risiko. Genau das gilt auch für die Durchführung kofinanzierter Veranstaltungen.

Wie die Vorsilbe „ko" schon vermuten lässt, beinhaltet dieses Konzept die Zusammenarbeit mehrerer Akteure. Du arbeitest also auf vertraglicher Basis mit einem oder mehreren Partnern bei der Planung, Umsetzung und Finanzierung eines Konzerts zusammen. Der Vorteil für dich besteht dann in der damit einhergehenden Teilung des Veranstaltungsrisikos.

Ein gutes Beispiel für ein kofinanziertes Projekt ist das "Reeperbahn Festival" in Hamburg, das gemeinsam von der Stadt, verschiedenen Unternehmen und der Musikbranche selbst finanziert wird. Genau wie beim "Wave-Gotik-Treffen" in Leipzig, wo sich eine Vielzahl von Partnern, darunter auch die Stadt, lokale Unternehmen und internationale Musiklabels das Veranstaltungsrisiko teilen.

Ob groß oder klein, das Prinzip bleibt dasselbe. Durch Zusammenarbeit und Risikoteilung kannst du auch größere Projekte stemmen, Risiken für dich minimieren und gemeinsam mit deinen Partnern den Erfolg genießen.

 Nicht unüblich ist auch die Risikobeteiligung der Künstler selbst. Gerade bei kleineren Konzerten sind sie oft bereit, mit dem Veranstalter die Flexibilisierung von Teilen oder ihrer gesamten Gage vertraglich zu vereinbaren. Mehr dazu liest du in Punkt 4.2, wenn es um die Vereinbarung fairer Gagen geht.

### 3.3.4 Du gibst dir den Auftrag selbst

Konzerte im eigenen Auftrag, auch als Veranstaltungen auf eigene Rechnung oder kurz als Eigenveranstaltungen bezeichnet, sind zwar leicht zu kreieren, brauchen sie doch zunächst nur dich als Auftraggeber. Alles, was du dazu zunächst brauchst, ist eine Konzertidee. Bei dieser Art von Auftrag hast du ausschließlich selbst die vollständige Kontrolle über das gesamte Event. Du entscheidest über die Band, die Location, über Ticketpreise und Werbung. Du entscheidest über alles. Der Nachteil daran ist, dass du auch für alles ausschließlich selbst haftest und damit das gesamte finanzielle Risiko trägst. Geht etwas schief, stehst du dafür gerade. Hast du aber Erfolg, musst du den Gewinn nicht mit anderen teilen.

Diese Veranstaltungsart stellt das eigentliche Kerngeschäft eines Konzertveranstalters dar. Sie unterscheidet sich in der Planung und Durchführung aber nicht wesentlich von den anderen Auftragsarten.

### 3.3.4.1 Eigenveranstaltung - Newcomer Chance

Lass uns mal darüber reden, warum es gerade für Nachwuchskünstler und regionale Bands richtig Sinn macht, eigene Konzerte selbst zu veranstalten. Es ist eine super Möglichkeit, nicht nur vor Publikum zu spielen, sondern auch die Chance die eigene Marke aufzubauen und mit der Musikszene zu verknüpfen. Aber klar, wie bei allem, gibt's da auch Herausforderungen.

Lass uns aber zunächst einen Blick auf die Chancen werfen.

**Publikum:** Du hast die Chance, ganz gezielt deine eigene Fangemeinde aufzubauen. Wenn du ein Konzert organisierst, kannst du gezielt deine Fans einladen und neue Zuhörer anziehen. Das ist Gold wert für die Sichtbarkeit und deinen Ruf in der Musikszene.

**Kontrolle:** Bei einem selbst veranstalteten Konzert für deine Band hast du das Sagen. Du kannst das Line-Up bestimmen, die Location auswählen und die gesamte Atmosphäre mitgestalten. Das bedeutet auch, dass du deine Musik so präsentieren kannst, wie du es für richtig hältst.

**Networking:** Konzerte sind der perfekte Ort, um Kontakte zu knüpfen. Du triffst nicht nur Fans, sondern auch andere Musiker, Veranstalter oder vielleicht sogar Leute von einem Label. Wer weiß, vielleicht ist da jemand dabei, der gerade nach der nächsten großen Sache sucht!

Aber natürlich stellt eine Eigenveranstaltung auch eine besondere Herausforderung an dich dar:

**Organisation:** Die Planung und Organisation eines Konzerts können ganz schön anstrengend sein. Von der Auswahl der Location, dem Ticketverkauf bis hin zur Promotion – das alles kostet Zeit und Nerven. Dafür braucht man eine gute Strategie und Teamwork.

**Risiken:** Es gibt immer das Risiko, finanziell auf die Nase zu fallen. Wenn nicht genügend Eintrittskarten verkauft werden, kann das ins Geld gehen. Es ist wichtig, das Budget sorgfältig zu planen, niedrig zu halten und mit allen Erwartungen realistisch zu bleiben.

Ganz sicher schreckt dich nicht die Fülle der zu erledigenden Aufgaben ab, wenn du dich mit einem solchen Vorhaben beschäftigst. Bauchschmerzen bereitet dir da eher das finanzielle Risiko einer solchen Unternehmung. Beschäftigen wir uns also mit der Frage: Was tun um finanzielles Risiko zu minimieren. Hier ein paar Vorschläge zu möglichen Gestaltungsvarianten:

**Gemeinsame Veranstaltungen:** Anstatt alleine ein Konzert auf die Beine zu stellen, könnte eine gemeinsame Veranstaltung mit anderen Bands eine gute Strategie sein. So teilt ihr euch die Kosten für die Location, das Equipment und die Werbung. Außerdem profitiert ihr gegenseitig von den Fangemeinden.

**Kollaborationen mit lokalen Venues:** Viele kleinere Veranstaltungsorte sind vielleicht daran interessiert, ihre Räume zu füllen. Du könntest eine Partnerschaft eingehen, bei der du die Promotion übernimmst, und sie stellen dir den Raum und vielleicht auch die technische Ausstattung für geringe oder sogar ohne, dass Kosten für dich entstehen, zur Verfügung. Das verringert den finanziellen Druck ganz deutlich.

**Crowdfunding:** Wenn du bereits eine Fan-Basis hast, könntest du überlegen, eine Crowdfunding-Kampagne zu starten. Deine Fans unterstützen dich nicht nur finanziell, sondern fühlen sich auch umso mehr mit dem Projekt verbunden und du schaffst eine Win-Win-Situation für beide Seiten.

Mit der richtigen Planung und den passenden Strategien kannst du die Herausforderungen also meistern und aus der sich bietenden Chance einen echten Erfolg machen. Also, wenn du überlegst, ein Konzert für dich oder deine Band selbst zu organisieren – mach es! Du hast nichts zu verlieren und unendlich viel zu gewinnen. Gehe es an, trage deine Musik aus dem Probenraum und bau dir deine Fanbase auf. Du wirst sehen, es wird sich lohnen

## 3.4 Wie du dir zum Start Geld besorgst

Um es kurz und knapp zu sagen: Mit Null € auf deinem Bankkonto solltest du den Gedanken, Konzerte selbst zu veranstalten, vergessen. Der erste kleine Misserfolg bricht dir dann vielleicht schon das Genick und beendet deine Laufbahn, bevor sie begonnen hat.

In der Konzertwelt sind finanzielle Reserven kein Luxus, sondern eine Notwendigkeit. Konzerte sind, egal ob groß oder klein, immer eine finanzielle Herausforderung. Sie erfordern Vorabinvestitionen in Bands, Locations, Ausrüstung, Werbung und vieles mehr, bevor überhaupt das erste Ticket verkauft ist. Und immer besteht das Risiko, dass die Einnahmen aus dem Ticketverkauf die Veranstaltungskosten nicht decken.

Wenn du also kein Geld auf der Kante hast, solltest Du die Finger von einem Konzert auf eigene Rechnung lassen.

Wie viel Geld du als Startkapital aber tatsächlich zur Verfügung haben solltest, hängt von drei Faktoren ab:

**Geschäftskosten:** Zum einen verursacht deine Tätigkeit selbst Kosten. Die Abwicklung deiner Geschäftspost, die vielen Telefonate, die du führen wirst, deine Buchhaltung und die Beschaffung einer Büro- und Geschäftsausstattung, all das sind notwendige Startinvestitionen. Auf keinen Fall zu vergessen sind auch Kosten, die im Bereich Repräsentation, Werbung, Kundenbindung und Versicherung entstehen. Der Informationsaustausch erfolgt heute zwar fast ausschließlich auf elektronischem Weg, so dass die früher noch üblichen Kosten für den Verbrauch von Büromaterial (Papier, Porto, Stempel usw.) fast wegfallen. Aber dafür brauchst du heute eine digitale Büroausstattung (PC, Laptop, Handy). Wenn du diese Geräte selbst schon privat hast, kannst du sie auch geschäftlich nutzen – selbst, wenn dann steuerlich einiges zu beachten ist.

Du musst deine Geschäftskosten ständig überwachen und optimieren, um langfristig wettbewerbsfähig zu sein. Gerade zum Beginn deiner Laufbahn solltest du versuchen deine privaten Ressourcen zu nutzen, um Geld zu sparen. Nutze deine eigenen vier Wände und spare dir eine Büromiete. Sicher verfügst du sowieso über ein Mobiltelefon, einen PC oder Laptop. Also benutzte die, bevor du dir extra was fürs Geschäft kaufst.

Es ist ein nicht zu unterschätzender Erfolgsfaktor, dass du von Anfang an eine für deine Dienstleistung aussagefähige Website betreibst. Hierbei geht es einerseits um die kompetente Darstellung deines Angebots, denn potenzielle Auftraggeber und Künstler ziehen daraus ihre Rückschlüsse. Es geht aber bei einer professionellen Website vor allem darum, dass man sie als dein Angebot im Netz wirklich schnell findet.

Das gibt es allerdings nicht zum Nulltarif und du solltest die Kosten zur Erstellung und Pflege deiner Website nicht zu knapp bemessen.

 Wer hier nicht gesehen oder gefunden wird und seine Dienste nicht entsprechend kompetent darstellt, wird nicht berücksichtigt.

**Veranstaltungsrisiko:** Du hast dein Live-Konzert perfekt durchgeplant und alles bestens vorbereitet und du fragst dich, worin dann das Veranstaltungsrisiko besteht?

Hier ein paar Faktoren, an die du denken solltest, denn sie können sehr schnell dazu führen, dass eine Eigenveranstaltung für dich als Veranstalter teuer wird:

- Vielleicht hast du mit dem Konzert nicht den Geschmack deines anvisierten Publikums getroffen?
- Vielleicht war die Veranstaltungswerbung auch nicht optimal und zu wenige der potenziellen Interessenten haben von deiner Veranstaltung erfahren?
- Vielleicht gab es aber am Veranstaltungstag auch in den umliegenden Orten vergleichbare Veranstaltungen anderer, prominenterer Anbieter?

Das alles kann sehr schnell dazu führen, dass du einfach zu wenig Tickets für dein Konzert verkaufst und damit ein Teil der von dir erwarteten Einnahmen mit dem Konzert nicht realisiert werden.

Ganz egal! Wenn die Einnahmen die Kosten einer Veranstaltung nicht decken, dein Konzert also gefloppt ist, steht bei der Endabrechnung unterm Strich ein mehr oder weniger dicker Verlust, der von dir ausgeglichen werden muss.

Du als Veranstalter trägst die alleinige, wirtschaftliche Verantwortung, wenn du ein Konzert auf eigene Rechnung durchführst.

Dabei ist es für den Veranstalter vollkommen gleichgültig, ob er das Konzert als Veranstalter im Neben- oder Hauptberuf realisiert hat. Unbedeutend ist auch, ob er als juristische oder natürliche Person gehandelt hat. Wenn du als Veranstalter ein Konzert auf eigene Rechnung veranstaltest, Künstler, Dienstleister und anderweitige Mitarbeitende direkt beauftragst, gehst du automatisch auch ein vertragliches Schuldverhältnis ein, aus dem sich deine Leistungspflicht ergibt. Die von dir zu erbringende und vertraglich vereinbarte Leistung ist in den meisten Fällen die Zahlung eines bestimmten Honorars.

Das Veranstaltungsrisiko besteht also darin, dass du die bei deiner Veranstaltung eventuell entstandenen finanziellen Defizite ausgleichen musst. Wie viel Geld du zur Absicherung dieses Risikos tatsächlich brauchst, lässt sich so pauschal nicht sagen.

 Man muss kein Prophet sein, um zu wissen, dass das Veranstaltungsrisiko mit der Höhe der Gesamtkosten einer Veranstaltung steigt. Insofern empfehle ich dir als Einsteiger, zunächst mit kleinen Veranstaltungen Erfahrungen zu sammeln. Verpflichtest du nicht gleich einen Weltstar, brauchst du zur Deckung der Veranstaltungskosten auch keine 15.000 zahlende Besucher und die Miete für eine Location, die nur 100 oder 200 Konzertbesucher fasst, ist ganz sicher deutlich geringer als für die Uber-Arena (früher Mercedes-Benz Arena) in Berlin, die für 17.000 Gäste ausgelegt ist.

In Kapitel 4 befassen wir uns sehr ausführlich mit allen Veranstaltungskosten, bevor ich dir in Kapitel 7 meinen ConcertCalculator vorstelle, mit dessen Hilfe du auch das bei deinen Konzerten entstehende finanzielle Risiko besser einschätzen kannst.

**Rücklagen:** Damit hältst du deine Veranstaltungsplanung auch dann auf Kurs, wenn mal, wie in letzter Zeit häufiger, unerwartete Kostensteigerungen dazwischenkommen. Ausreichende Reserven erleichtern dir dann, flexibel zu reagieren und den einen oder anderen Flopp zu kompensieren, um trotzdem weitermachen zu können.

 Es geht nicht darum, geizig zu sein, sondern clever mit deinem Geld umzugehen. Nur so schaffst du es, ein großartiges Konzert auf die Beine zu stellen und gleichzeitig deine Konten im grünen Bereich zu halten.

## 3.5 Du hast noch keine Band in der Kontaktliste

Stopp. Wenn ich dir jetzt sagen würde „Das ist kein Problem!" wäre das nicht ganz ehrlich, aber auch nicht ganz gelogen. Kein Grund jedenfalls, jetzt in Panik zu verfallen und schon jetzt die Flinte ins Korn zu werfen.

 Bevor du hier aber aktiv wirst und in die Suche einsteigst, solltest du dir sehr genau vor Augen führen, wer dein Publikum sein wird. Du solltest besonders bei deinen ersten Live-Konzerten immer zuerst an die musikalischen Vorlieben und Erwartungen der von dir erwarteten Konzertbesucher denken. Optimal ist natürlich, wenn sich dein eigener Musikgeschmack mit dem deines Publikums möglichst stark überschneidet. Nur wenn du den Geschmack des Publikums triffst, verkaufst du auch Tickets und das ist die Voraussetzung dafür, dass du weitere Konzerte veranstalten kannst und keinen wirtschaftlichen Schiffbruch erleidest.

Wenn du tatsächlich noch keinen Kontakt zu Musikern oder einer Band hast, ist das ganz einfach nur eine weitere Aufgabe und Herausforderung, die du auf deinem Weg zum Konzertveranstalter zu meistern hast. Es ist also noch alles im grünen Bereich!

## 3.6 Wie du die perfekte Location findest

Das Großartige an Musik ist: Sie kann prinzipiell überall live stattfinden. Egal, ob in einer Bar, einem Klub, einem Park oder einer Arena. Aber die Sache ist die: Deine Location sollte unbedingt zur Musik passen, die du live präsentieren möchtest.

Deine Wahl der Location hängt also stark vom Musikstil ab, den du live präsentieren willst. Weitere wichtige Faktoren sind deine Zielgruppe und der erwartete Besucherandrang. Je höher das Alter des erwarteten Konzertpublikums ist, machst du deinen Besuchern mit Sitzplätzen ganz sicher eine Freude. Ist dein Zielpublikum eher jünger, wäre eine Konzertbestuhlung vermutlich eher kontraproduktiv. Eine unplugged Folk-Band oder Singersongwriter sind wahrscheinlich in einer großen, alten, dunklen, ehemaligen Werkhalle mit ihren Darbietungen nicht so gut platziert, wie eine Rock- oder Metalband, die wiederum in einer kleinen Bar wahrscheinlich für zu viel Gedränge und zu lauten Sound sorgen würde und deshalb dort mit einem Live-Konzert deplatziert wäre.

Der Kontext macht's also!

Hier aber die wichtigsten vier Faktoren, um die richtige Bühne für Dein Live-Konzert auszuwählen:

**Größe:** Hast du eine zu große Halle für dein Konzert gewählt, wirkt sie vielleicht leer und kalt, wenn das Konzert nicht ausverkauft ist. Ist die gewählte Location jedoch zu klein, fühlen sich deine Besucher eingeengt und es kommt keine gute Atmosphäre auf. Es ist also sehr wichtig, dass du dir bereits in der Planungsphase sehr genau überlegst und realistisch einschätzt, wie viele Konzertbesucher du erwartest. Deine Konzertbesucher sollen sich schließlich auf deinem Konzert wohl und sicher fühlen.

 Als Veranstalter bist du etwa im Fall eines Brandausbruchs für die Sicherheit der Besucher verantwortlich. Sorge deshalb unbedingt auch dafür, dass die für die Location maximale Besucherzahl

> auf keinen Fall überschritten wird und Fluchtwege gekennzeichnet sind und freigehalten werden.

Die für die Location maximal zulässige Besucherzahl wird durch die Art der Veranstaltung und die örtlichen Brandschutzbestimmungen geregelt. Erkundige dich also unbedingt beim Vermieter der Location, der dir sicher Auskunft dazu geben kann.

Wenn nicht, kannst du diesen wichtigen Grenzwert auch wie folgt selbst berechnen.

*Vermesse den Publikumsbereich:* Zunächst einmal musst du wissen, wie groß dein Publikumsbereich ist. Miss die Länge und Breite der für die Besucher vorgesehenen Fläche, um die Quadratmeterzahl zu ermitteln.

*Anzahl der Quadratmeter pro Person:* Die genauen Anforderungen können je nach Region variieren, aber eine gängige Faustregel ist, dass du mindestens 0,5 Quadratmeter pro stehende Person einplanen solltest. Für eine Veranstaltung mit Bestuhlung brauchst du etwa 1,0 bis 1,5 Quadratmeter pro Person.

*Brandschutzbestimmungen:* Informiere dich bei den zuständigen Behörden über spezielle Brandschutzvorschriften. Diese können zusätzliche Einschränkungen, wie bestimmte Fluchtwegbreiten oder maximale Personenzahlen unabhängig von der Raumgröße vorschreiben.

Nimm diese Angaben und berechne einfach wie viele Besucher du zu deinem Konzert maximal einlassen darfst.

 Aber Vorsicht! Die maximal zulässige Besucherzahl ist nicht unbedingt die optimale für deine Veranstaltung. Du musst auch das Erlebnis deiner Gäste berücksichtigen. Wenn alle zu dicht gedrängt stehen, sind sie vielleicht nicht in der Stimmung, die ganze Nacht durchzurocken.

*Zugang und Erreichbarkeit:* Ist die Location gut zu erreichen? Gibt es eine nahegelegene Anbindung an öffentliche Verkehrsmittel? Wie sieht es mit Parkplätzen aus? Auch das sind Faktoren, die du unbedingt bedenken solltest, um deinen Besuchern den Zugang zu deiner Veranstaltung zu erleichtern.

 Vergiss im Rahmen deiner für das Konzert geplanten Werbemaßnahmen nicht auf die Beschreibung der Verkehrs- und Parksituation hinzuweisen. Informiere deine Gäste auch darüber, wann der letzte Bus oder die letzte Bahn fährt, oder veröffentliche die Rufnummer des örtlichen Taxiunternehmens auf dem Veranstaltungs-Flyer.

Ist die von dir gewählte Location von den Besuchern schlecht oder vielleicht nur mit einem PKW oder unter Inkaufnahme eines längeren Fußwegs zu erreichen, wirkt sich das vermutlich negativ auf die Anzahl der verkauften Tickets aus.

**Bekanntheit:** Ist eine Location in der Live-Szene bereits eingeführt und den Konzertbesuchern auch von anderen Konzerten bekannt, ist das natürlich ein dicker Pluspunkt für dieses Haus und du solltest ernsthaft darüber nachdenken die daraus resultierenden Vorteile für dein Vorhaben zu nutzen.

In einer z.B. für Rockkonzerte allgemein bekannten Location gibt es oft einen regelmäßigen Veranstaltungsbetrieb mit entsprechendem Online-Veranstaltungskalender und eine Möglichkeit zur Vorschauplakatierung für die nächsten Konzerte. Das Beste aber ist, dass sich hier interessante, neue Konzerttermine unter den Konzertjunkies quasi von allein herumsprechen und du Werbekosten sparen kannst.

 Entscheidest du dich eine in der Live-Szene noch unbekannte Location zu nutzen, musst du vielmehr in Werbung investieren und brauchst auch dann meist einen sehr langen Atem, bevor sich dieser Ort in der Szene etabliert. Für dein erstes Konzert führt eine solche Location vermutlich zu einem suboptimalen Start und du solltest dich

> vielleicht doch nach einem populäreren Objekt
> umsehen.

**Technische Ausstattung:** Auch die technische Ausstattung und Infrastruktur ist bedeutend. Verfügt die Location über eine gute Raumakustik? Gibt es eine feste Bühne? Existiert ein Kraftstromanschluss im Bühnenbereich? Wie sieht es mit Licht- und Soundanlage aus und hast du erfahrene Leute zur Bedienung der Technik zur Verfügung?

Das sind für Künstler und Bands sehr zentrale Fragen. Aber keine Panik, wenn deine Wunschlocation nicht gleich alles Erforderliche vor Ort hat, kannst du fehlende Ton- und Lichttechnik, aber auch Konzertgestühl und alles, was du sonst noch rund um deine Veranstaltung benötigst, oft auch regional mieten.

**Kosten:** Ebenso wichtig und nicht selten ein oder sogar das entscheidende Ausschlusskriterium, sind die Kosten für Saalmiete, Betrieb und Reinigung der Location. Bedenke auch, dass du manchmal zur Terminreservierung und damit weit vor dem eigentlichen Veranstaltungstag eine Kaution hinterlegen musst.

Nimm dir also ausreichend Zeit für die Suche nach einer geeigneten und für dein Konzert bezahlbaren Location. Netzwerken kann auch hier wieder sehr hilfreich sein. Sprich mit anderen Veranstaltern, schau dir verschiedene Locations an, in denen ähnliche Konzerte laufen und vergleiche.

Denk immer daran: Die Location ist mehr als nur ein Ort, sie ist der Rahmen für dein Live-Konzert. Sie spielt eine entscheidende Rolle dabei, ob die Energie der Live-Musik tatsächlich zum Fließen kommt und sich das Publikum bei deinem Konzert wohlfühlt.

Recherchiere im Internet und besichtige potenzielle Locations in deiner Umgebung.

Fertige dir eine kleine Adressensammlung interessanter Locations an. Wenn du dazu meine Checkliste nutzt, kannst du

kein wichtiges Bewertungskriterium vergessen und schaffst dir
mit der Zeit einen soliden Fundus.

## 3.7 Brauche ich einen Rechtsanwalt?

Die Antwort auf diese Frage ist nicht so einfach, wie du vielleicht denkst. Es kommt ganz darauf an, mit welchen Situationen du konfrontiert wirst. Wie sagt man doch so schön – Alles
kann, Nichts muss – und das gilt natürlich auch hier. Ganz sicher brauchst du keinen Anwalt, um ein Konzert zu veranstalten, aber es kann definitiv hilfreich sein, auf seine Dienste bei
Bedarf zugreifen zu können. Es gibt nämlich eine ganze
Menge rechtlicher Aspekte, die du berücksichtigen musst. Angefangen mit den Band- und Dienstleisterverträgen bis hin zu
Fragen des Urheberrechts und der Versicherung deiner Veranstaltung.

Jetzt denkst du vielleicht: "Oh je, das klingt alles sehr kompli-
ziert." Und ja, das kann es sein. Ein Anwalt, der sich bei Ver-
anstaltungsfragen und besonders im Vertragsrecht auskennt,
kostet Geld und es ist verständlich, wenn du das Budget lieber
für andere Dinge einsetzen willst.

Aber keine Sorge, vermutlich wirst du deine Laufbahn als Veranstalter nicht gleich mit einem internationalen Schwergewicht
wie den Rolling Stones und der Organisation eines Open Airs
auf dem Nürburgring starten. Ganz sicher wirst du dich langsam an das Thema Live-Musik rantasten und damit auch im
Bereich des geltenden Rechts, im Vertragswesen, bei Steuern
und Abgaben, Schritt für Schritt dein Wissen und deine Erfahrungen aufbauen.

 Einen Anwalt einzuschalten ist sicher das letzte
Mittel, bevor du zur Durchsetzung deiner berech-
tigten Forderungen oder zur Abwehr unberechtig-
ter Forderungen vor Gericht ziehst.

Die Berechtigung deiner Forderungen nachzuwei-
sen, ist allerdings bei ausschließlich mündlich ab-
geschlossenen Geschäften (und die sind in der
Branche nicht unüblich) nahezu ausgeschlossen.

> Den besten Schutz bieten dir also zunächst rechtssichere, schriftliche Vereinbarungen und Verträge. Gerade in der Anfangszeit macht es deshalb Sinn, sich dazu mit einem Anwalt abzustimmen.

Natürlich ersetzen die Hinweise dieses Buches keine Rechts- und/oder Steuerberatung, durch die entsprechenden Fachleute. Sie genügen aber, damit du dich als Veranstalter im Blätterwald der Vorschriften und Verträge gut orientieren kannst.

## 3.8 Welche Verträge du kennen solltest

Verträge bestimmen und regeln sehr wesentlich, wer, wann und wo, welche Leistung, zu welchen Kosten oder Gegenleistungen erbringen soll. Sie sind vielfach die Grundlage dafür, dass deine Veranstaltung am Ende auch ein Erfolg wird. Auch wenn man Verträge mündlich schließen kann, rate ich davon ab. Du solltest die wichtigsten Vertragsarten, mit denen du es als Veranstalter von Live-Konzerten häufig zu tun haben wirst, lesen, verstehen und vielleicht sogar selbst formulieren können.

> Arbeite wo immer du kannst auf Grundlage schriftlicher Verträge oder Vereinbarungen.
>
> Auch wenn für die Verträge, die dir in der Veranstaltungspraxis begegnen, kein gesetzliches Schrifterfordernis besteht und es gerade hier üblich ist, Informationen häufig per Telefon und E-Mail auszutauschen, bietet dir nur ein schriftlicher Vertrag oder Nachweis die erforderliche Rechtssicherheit.

## 3.8.1 Der Mietvertrag für die Location

Du hast die perfekte Location für dein Live-Konzert gefunden.

Um die Sache für deine Veranstaltung wasserdicht zu machen, solltest du unbedingt einen schriftlichen Mietvertrag abschließen.

Aber **HALT**!

Bevor du den Vertrag unterschreibst, musst du sicherstellen, dass du alles beachtet hast, was wichtig ist.

**Mietpreis:** Ganz klar, das ist der Betrag, den du für die Nutzung der Venue bezahlen sollst. Achte darauf, ob die Mehrwertsteuer bereits enthalten ist und ob eventuell zusätzliche Nebenkosten für Energie, Heizung oder Reinigung anfallen.

 Wenn der Auf- und Abbau der Ton- und Lichttechnik nicht am eigentlichen Veranstaltungstag vollständig zu bewältigen ist, genügt es oft nicht, die Räume nur für einen Tag zu mieten. In dem Fall solltest du versuchen, für Vor- und Nachbereitungszeiten einen für dich günstigeren Mietzins zu vereinbaren oder diese Zeiten in die Nutzungszeit vertraglich einzuschließen.

**Nutzungszeit:** Diese regelt, wann du den Zugang zur Location erhältst und wann sie nach dem Event geräumt sein muss. Bedenke auch dabei die oben erwähnten Auf- und Abbauzeiten für die Technik und ggf. Ausstattung.

 Achte unbedingt darauf, dass im Mietvertrag Datum und Uhrzeit für die Übernahme und Übergabe der Mietsache festgelegt sind.

**Ausstattung:** Ist die erforderliche Bühnen- und Veranstaltungstechnik im Saal bereits vorhanden und deren Benutzung im Mietpreis inbegriffen oder musst du sie extra beschaffen oder dafür zusätzliches Geld zahlen? Das kann einen großen Unterschied machen!

**Haftung und Versicherung:** Ein sehr wesentlicher Punkt, verbirgt sich doch gerade hier jede Menge Streitpotential für beide Vertragsparteien. Wer ist also im Schadensfall verantwortlich und wer muss für eventuelle Schäden aufkommen? Das muss klar geregelt sein. Der Nachweis einer Veranstalter-Haftpflichtversicherung durch dich ist in den meisten Fällen unumgänglich.

Die Übernahme und Rückgabe der Location solltest du protokollieren und vom Vermieter gegen-
zeichnen lassen. Nur so kannst du dich gegen
später geltend gemachte Regressansprüche des
Vermieters erfolgreich absichern.

**Sicherheitsbestimmungen:** Jeder Veranstaltungsort unterliegt automatisch bestimmten gesetzlichen und behördlichen
Anforderungen und das auch dann, wenn darauf im Mietvertrag nicht ausdrücklich hingewiesen wird.

Es empfiehlt sich aber im gegenseitigen Interesse beider Vertragsparteien zum Beispiel die maximal zulässigen Besucherzahlen vertraglich zu fixieren und eventuell für die generelle
Benutzung oder den Besucherverkehr gesperrte Bereiche oder
Räume im Mietvertrag konkret zu benennen.

Befinden sich in der näheren Umgebung der gemieteten Location Wohnhäuser, spielt die strikte Berücksichtigung des Lärm-
schutzes und bestimmter Zeiten eine sehr wichtige Rolle und
im Vertrag wird vielleicht ein Lautstärkennachweis gefordert.
Auch das ist keine ungewöhnliche Vereinbarung, die aber unter Umständen ein Ausschlusskriterium für dich sein kann.

Wenn du vorhast, während der Live-Show eine
Nebelmaschine zum Einsatz zu bringen, kläre mit
dem Vermieter unbedingt, ob das eventuell nega-
tiven Einfluss auf eine im Haus vorhandene
Brandmeldeanlage haben kann.

Sei in dieser Frage keinesfalls leichtfertig. Löst die
Brandmeldeanlage wegen deiner Nebelmaschine
einen Alarm aus, kommt es zu einem für dich vielleicht kostenpflichtigen Feuerwehreinsatz. Wenn
es aber schlecht läuft, schaltet sich auch gleich
noch die Sprinkleranlage automatisch ein. Dann
wird's richtig teuer.

Es wäre also in diesem Fall zu prüfen, ob die
Brandmeldeanlage während des Konzerts abge-
schaltet werden kann. Wenn ja, setze dich mit der
zuständigen Feuerwehr in Verbindung. Sehr

> wahrscheinlich hast du dann während der Veranstaltung einen, meist aber zwei, zusätzliche Mitarbeiter in Feuerwehruniform. Die du auch bezahlen musst.

**Stornierungsbedingungen:** Was passiert, wenn das Konzert abgesagt werden muss? In der Regel fallen dann trotzdem Kosten an, aber wie hoch diese sind, sollte im Vertrag konkret festgelegt werden.

> Corona hat uns gezeigt, wie schnell die Kultur als nicht systemrelevante Branche an den Rand gedrängt wird und viele Live-Veranstaltungen von heute auf morgen wegen Kontaktsperren abgesagt werden mussten.
>
> Regle die Folgen solcher Umstände also unbedingt auch beim Abschluss eines Mietvertrages für eine Location, um hier nicht in eine Kostenfalle zu geraten.

**Thekenbetrieb:** Gibt es eine Theke oder Bar, zu denen dein Publikum während des Konzerts freien Zugang hat? Dann sollte klar geregelt sein, wer diese betreibt und wem die Einnahmen zufließen.

Diese Punkte sollten im Mietvertrag formuliert sein. Falls du dir unsicher bist, könnte es hilfreich sein, einen Anwalt hinzuzuziehen.

### 3.8.2 Der Mietvertrag für Technikausleihe

Du bist also bereit, die Bühne zum Beben zu bringen?

Dann brauchst du jetzt die richtige Ausrüstung und wahrscheinlich auch einen Materialnutzungs-Vertrag, der alles perfekt regelt.

Aber worauf musst du dabei achten und welche Regelungen sollte ein Vertrag mit einem Technikverleiher oder Eventservice tatsächlich enthalten?

Bevor es an die Verhandlungen oder Vertragsgestaltung geht, solltest du dir sehr präzise Gedanken darüber machen, was du bzw. die Band tatsächlich brauchen, um es live so richtig krachen zu lassen. Du solltest also zuerst in Abwägung der technischen Anforderungen, die dir deine Live-Band mit ihrem Technical Rider übermittelt hat und den technischen Gegebenheiten deiner Location, den zusätzlichen, technischen Bedarf für deine Veranstaltung ermitteln und auf dieser Basis entsprechende Angebote bei einigen Technikverleihfirmen einholen.

 Es kann sehr hilfreich sein, dich ein bisschen in die Materie der Licht- und Tontechnik einzuarbeiten, wenn du regelmäßig damit zu tun hast. Du musst nicht unbedingt wissen, wie man einen Scheinwerfer repariert, oder eine Metalband soundmäßig abmischt, aber ein Grundverständnis davon, was möglich ist und was nicht, wird dir dabei helfen, die richtigen Entscheidungen bei der Beschaffung zu fällen und dadurch dein Budget zu schonen

Aber zurück zum Vertrag und was damit geregelt werden soll.

**Auflistung der Geräte:** Es sollte klar sein, welche Geräte genau du ausleihst. Achte darauf, dass sie alle im Vertrag aufgelistet sind, mit Details zu Modell und Zustand.

 Ton- und Lichttechnik sind meist teure Gerätschaften, was bei der Bewertung ihres technischen und optischen Zustandes für erhebliches Konfliktpotenzial sorgen kann. Hier gilt:

Nur wer schreibt, der bleibt.

Benutzt du also vom Vermieter bereitgestellte Technik, achte unbedingt darauf, dass sich diese bei Übergabe in einwandfreiem und funktionstüchtigem Zustand befindet. Stellst du Beschädigungen oder Defekte fest, sorge dafür, dass diese in einem vom Vermieter gegengezeichneten Protokoll dokumentiert sind. Auch ein schnelles

Handyfoto ist zur Dokumentation äußerlich sichtbarer Beschädigungen ganz sicher kein Fehler.

Was für die Übernahme der Technik gilt, gilt natürlich auch für ihre Rückgabe. Fertige erneut ein gegenseitig unterzeichnetes Protokoll und heb es dir gut auf.

**Mietdauer, Preis und Zeiten:** Musst du die Technik selbst zur Location transportieren, oder wird sie geliefert? Wie lange behältst du die Geräte und wann werden sie wieder abgeholt oder von dir zurückgebracht? Wann und wo erfolgen die Übergabe und eine ggf. erforderliche Einweisung in die Bedienung? Was kostet das alles?

Auch die Vereinbarung eines Verspätungszuschlages ist kein Fehler. Besonders bei deinen ersten Veranstaltungen kann es passieren, dass dein Zeitplan nicht ganz aufgeht und du die Zeit unterschätz hast, die du für den Rückbau deiner Veranstaltung tatsächlich brauchst.

**Haftung und Versicherung:** Wer haftet im Schadenfall? Sind die Geräte versichert oder musst du selbst eine Versicherung abschließen? Der Vermieter erwartet, dass du die Technik in dem Zustand zurückgibst, indem du sie erhalten hast.

Darauf, dass Licht- und Tontechnik meist sehr kostenintensiv ist, hatte ich schon hingewiesen und du solltest vielleicht den Abschluss einer entsprechenden Schadensversicherung in Erwägung ziehen.

Es ist sehr wichtig, dass klar ist, für welche Art von Schäden der Verleiher bzw. seine Versicherung einsteht und du hier im Schadenfall regressfrei bleibst oder ggf. nur maximal den Selbstbeteiligungsbeitrag zu leisten hast.

Zu klären ist auch, für welche Risiken du als Mieter in jedem Fall und im vollen Umfang haftest. In diesem Fall solltest du dich in Abhängigkeit, der dadurch maximal zu erwartenden Schadensumme

unbedingt um eine eigene Risikoabdeckung bemühen.

**Technische Unterstützung:** Was passiert, wenn etwas
nicht funktioniert? Wen kannst du in so einem Fall kontaktie-
ren und wer hilft dir kurzfristig? Gute Verleihfirmen bieten
technische Unterstützung für Aufbau, Inbetriebnahme und Abbau an. Im Notfall sorgen sie sogar kurzfristig für Ersatzge-
räte.

Das Thema der schnellen Notfallhilfe ist ein sehr
starkes Argument dafür, mit einem regionalen Anbieter zu arbeiten.

Wenn du dich selbst im Bereich Licht- und Tontechnik noch nicht gut genug auskennst und unsicher bist, ob du das am Konzertabend alles auf
die Reihe bekommst, solltest du das Thema Technik in kompetente Hände legen, um dir vermeid-
baren Stress zu ersparen. Entweder baust du dir
in dem Bereich eine eigene Crew, z.B. aus Free-
lancern auf oder greifst auf kompetentes Personal
der Verleihfirma zurück. Bei den Leuten, die dir
der Verleiher schickt, kannst du sicher sein, dass
sie sich mit dem Equipment bestens auskennen
und auftretende Fehler selbst in den Griff bekommen. Ein weiterer Vorteil besteht außerdem darin,
dass du mit Übernahme und Rückgabe der Technik deutlich weniger zu tun hast, da auch das
durch die Mitarbeiter des Verleihers abgedeckt
wäre.

Deshalb empfehle ich dir bei deinen ersten Konzerten Technik und Techniker aus einer Hand zu
verpflichten.

All diese Punkte helfen dir, den Überblick zu behalten und ver-
steckte Kosten oder ungeplante Probleme zu vermeiden.

Bevor du einen Miet- oder Dienstleistungsvertrag mit deiner Unterschrift abschließt, solltest du ihn unbedingt auf Herz und Nieren prüfen. Vergisst du etwas, erhältst du entweder nicht die erwartete Leistung, zahlst zu viel oder gerätst in Probleme, wenn es kurzfristig zu unerwarteten Leistungs- oder technischen Ausfällen kommt. Vor Vertragsunterzeichnung bist du mit einem gewissenhaften Vertrags-Check immer auf der sicheren Seite. Meine Muster-Checkliste stelle ich in meinem Webshop zur Verfügung.

### 3.8.3 Der Ehrenamtsvertrag

Schon unter Punkt 3.3.1. hast du erfahren, dass die Mitarbeit in einem Verein die einfachste Möglichkeit ist, in die Veranstaltungsbranche hineinzuwachsen.

Auch wenn es in vielen Vereinen nicht üblich ist, mit ehrenamtlichen Mitarbeitern Verträge zu schließen, spricht vieles dafür, es im Falle der Tätigkeit als Booker oder Veranstalter doch zu tun. Anders als die Vereinskollegen, die am Einlass die Tickets der Besucher entwerten oder das Catering für die Band zubereiten, gehst du in Vertretung des Vereines Verträge mit Künstlern ein. Hier Fehler zu machen, kann den Verein teuer zu stehen kommen und es sollte in erster Linie im Interesse des Vereins sein, deinen Entscheidungsrahmen vertraglich einzugrenzen.

 Aber auch du hast ein berechtigtes Interesse, deinen Entscheidungsrahmen zu definieren, zu klären wem du innerhalb des Vereins berichtspflichtig bist, wer dir gegenüber Weisungsbefugnis hat und welche Aufwandsentschädigung dir der Verein für deine Tätigkeit als Veranstalter, Veranstaltungsleiter oder Booker bezahlt.

Wenn du also einen entsprechenden Verein gefunden hast und dort nicht nur sporadisch oder projektbezogen in die Veranstaltungstätigkeit eingebunden bist, sondern als Booker,

Veranstalter oder Veranstaltungsleiter längerfristig für den Verein tätig bist, solltest du den Abschluss eines Ehrenamtsvertrages anstreben.

Hier die wichtigsten Punkte, die dieser Vertrag für dich regeln sollte:

**Aufgabe:** Was genau sind deine Aufgaben und Verantwortlichkeiten als Veranstalter, Veranstaltungsleiter oder Booker? Hier muss klar definiert sein, was von dir erwartet wird.

**Aufwand:** Wann und wie oft sollst du zur Verfügung stehen? Ist das Ausmaß an Zeit und Energie, das du investieren sollst, realistisch und machbar für dich?

 Um für die an dich ausgezahlte Aufwandsentschädigung den geltenden jährlichen steuerfreien Maximalbetrag von 840 € nutzen zu können, darf das Ehrenamt nur nebenberuflich ausgeführt werden. Dabei ist zu beachten, dass eine Tätigkeit dann als nebenberuflich gilt, wenn sie nicht mehr als ein Drittel der Arbeitszeit eines Vollzeiterwerbs in Anspruch nimmt.

Achte also darauf, dass im Vertrag maximal 13 Wochenstunden für deine Tätigkeit angesetzt werden.

**Befugnis:** Wie sieht es mit deiner Zeichnungsberechtigung aus? Bist du für Konzert- oder Gastspielverträge alleinzeichnungsberechtigt? Bis zu welchem Budget darfst du diese Verträge abschließen? Wessen Zustimmung brauchst du, sollte ein Vertrag in Einzelfällen dieses Budget überschreiten? Wem gegenüber bist du auskunfts- und berichtspflichtig?

**Aufwandsentschädigung:** In welcher Form erfolgt die Entschädigung deines Aufwandes? Sei es eine pauschale Auszahlung, eine Rückerstattung der tatsächlichen Kosten oder eine Kombination aus beidem – dies sollte klar geregelt sein.

Nur wenn die Voraussetzungen für eine Steuerbefreiung nach § 3 Nr. 26, 26a, 26b Einkommenssteuergesetz vorliegen, werden die im Rahmen des Vertrages gezahlten Aufwandsentschädigungen sowohl von Arbeitsgerichten, Sozialversicherungs- und Zollbehörden nicht als Arbeitsentgelt gewertet.

**Versicherung und Haftung:** Bist du während deiner Tätigkeit versichert? Wer haftet im Falle eines Unfalls?

**Fortbildung:** Gibt es Möglichkeiten zur Fortbildung, und in welcher Form wird dir für deine Tätigkeit Unterstützung angeboten?

**Vertraulichkeit und Datenschutz:** Bildet der Umgang mit sensiblen Daten (beispielsweise persönliche Daten von Künstlern oder Künstlerhonorare) einen Bestandteil deiner Tätigkeit? Wie wird dies geregelt?

**Vertragsende:** Wie und wann kannst du aus deinem Ehrenamt ausscheiden?

Grundsätzlich wird mit einem Ehrenamtsvertrag weder ein Arbeits- noch ein Gefälligkeitsverhältnis begründet. Das Rechtsverhältnis wird dann als unentgeltlicher Auftrag gem. §§ 662 BGB ff. gewertet.

### 3.8.4 Der Veranstaltungsvertrag

Ein Veranstaltungsvertrag kann zweierlei unterschiedliche Vertragsverhältnisse regeln.

Einerseits die rechtlichen Beziehungen zwischen Veranstalter und Künstler oder Künstleragentur. Dieser Veranstaltungsvertrag regelt dann die Bedingungen des Auftritts und legt die Dauer und den Ort der Veranstaltung sowie die Vergütung für die erbrachte künstlerische Leistung fest. Dieser Vertrag kann prinzipiell von beiden Parteien ausgestellt werden.

Eine Anwendungsmöglichkeit dieses Vertragswerkes ist beispielsweise der Fall, wenn du als Veranstalter eine Live-Band für einen Auftritt verpflichtest und mit ihr einen Veranstaltungsvertrag abschließt. Die Band wird von dir beauftragt und steht als dein Auftragnehmer mit dir als Auftraggeber im Vertragsverhältnis.

 In der Veranstaltungspraxis der Musik-Klubs läuft es aber in der Regel nicht so. Der Regelfall ist hier, dass der Künstler dem Veranstalter einen Konzertvertrag vorlegt, wie wir ihn im nächsten Punkt 3.8.5. besprechen werden.

Andererseits und darum soll es hier, an dieser Stelle des Buches gehen, kommt ein Veranstaltungsvertrag auch immer dann zum Einsatz, wenn nicht du als Auftragnehmer der eigentliche Veranstalter bist, sondern dein Auftraggeber diese Rolle und Verantwortung übernimmt. Wie schon oben unter Pkt. 3.3.2 festgestellt, reduziert sich für dich dadurch das Veranstaltungsrisiko. Du handelst dann im fremden Auftrag und arbeitest auf fremde Rechnung.

 Achte unbedingt darauf, dass im Vertrag klar und deutlich festgelegt ist, dass du der Beauftragte und nicht der Veranstalter bist.

Dieser Veranstaltungsvertrag legt die Leistungen, Rechte und Pflichten aller beteiligten Parteien fest. Er ist die Road Map für die Veranstaltung. Zwei Dinge sind dabei für dich besonders interessant:

- Dein Auftraggeber kann dich auch nur mit der Organisation und Betreuung einzelner Bestandteile einer Veranstaltung beauftragen. Beispielsweise mit der musikalischen Ausgestaltung einer Betriebsfeier, wobei er sich selbst die Beschaffung der Location und anderer Veranstaltungsbestandteile vorbehält oder andere Dienstleister damit beauftragt.

- Du erhältst für deine Arbeit ein fest vereinbartes Honorar, das nicht vom unmittelbaren wirtschaftlichen Erfolg der Veranstaltung abhängt.

Hier sind die wichtigsten Punkte, die ein solcher Veranstaltungsvertrag enthalten sollte:

**Beschreibung der Veranstaltung:** Was soll wann und wo passieren? Hier sollte die gesamte Veranstaltung detailliert bezogen auf Inhalt und Ablauf beschrieben werden.

Einerseits kann die Veranstaltungsbeschreibung ein sehr umfangreiches Schriftstück sein, andererseits können sich daran während der Planungsphase noch Änderungen ergeben.

Aus diesen Gründen sollte die Beschreibung als Anlage zum Vertrag ausgestellt werden. Ändert sich noch etwas am Ablauf, hat das keine direkte Auswirkung auf den Vertragstext. Allerdings muss dann im Vertrag vermerkt sein, dass Änderung des Veranstaltungsablaufes, zumindest die, die Auswirkungen auf die dir übertragenen Aufgaben haben, nur dann Gültigkeit erlangen, wenn sie von den Vertragspartnern gegenseitig, schriftlich bestätigt werden.

**Aufgaben und Verantwortung:** Wer macht was? Seien es die Beschaffung der Künstler, Veranstaltungsorte, Techniker oder Caterer – jeder sollte seine Rolle und Verantwortung kennen. Beauftragst du Dritte oder arbeitest du deinem Auftraggeber die Künstler-, Mietverträge usw. nur zu und er zeichnet sie direkt?

Du willst dein finanzielles Risiko maximal begrenzen, dann schließe keine Unterverträge mit Musikern, Vermietern oder Dienstleistern ab. Vereinbare mit deinem Auftraggeber, dass du in seinem Auftrag alle erforderlichen Vertragsverhandlungen bis zur Unterschriftsreife führst und er diese Verträge dann selbst unterzeichnet und damit letztlich die Aufträge erteilt. Dadurch können dir unter keinen Umständen Zahlungsverpflichtungen gegenüber Dritten entstehen, sollte dein Auftraggeber in Zahlungsverzug geraten oder gar Insolvenz

| | anmelden müssen, bevor alle Veranstaltungsrechnungen bezahlt sind. |

**Budget und Honorar:** Es sind alle Kosten für das Aufgabenpaket oder die einzelnen dem Auftragnehmer übertragenen Teilaufgaben zu budgetieren. Was passiert, wenn sich das Budget als zu knapp bemessen zeigt? Was passiert mit einer positiven Differenz, wenn du deinen Auftrag perfekt erfüllt hast und gleichzeitig unter dem vom Auftraggeber vorgegebenen Budget geblieben bist? Wie hoch ist dein Honorar? Wie erfolgt der Zahlungsfluss?

Dein Auftraggeber hat, wie du, das natürliche Interesse Kosten zu sparen. Wenn du also in seinem Auftrag handelst und für ihn z.B. durch eine geschickte Auswahl der Dienstleister und/oder Künstler Geld sparst, solltest du mit ihm eine faire Teilung dieser Ersparnis vereinbaren.

Er will das nicht?

Geht dein Vertragspartner auf deinen Vorschlag nicht ein, hat er vermutlich ein anderes Verständnis von Fairness und partnerschaftlicher Zusammenarbeit. Er ist dann vielleicht kein Partner, sondern sucht nur einen dummen Dienstleister. So schwer es dir vor allem bei den ersten Aufträgen auch fällt, aber du solltest keinen Vertrag mit ihm abschließen und nicht für ihn tätig werden.

**Ausfall und Stornierung:** Was passiert, wenn die Veranstaltung abgesagt oder kurzfristig verschoben werden muss? Hier geht es um potenziell entstehende Verluste, Stornierungs-, Rücktrittsfristen und mögliche Rückerstattungen von verauslagten Geldern, die vertraglich geregelt sein sollten, um sonst den sehr wahrscheinlich drohenden Streitigkeiten vorzubauen.

Wenn du deine Dienstleistung darauf beschränkst, geeignete Anbieter (Musiker, DJs, Technikverleiher usw.) zu beschaffen und deren Verträge unterschriftsreif zu verhandeln, sie aber nicht selbst zu

> beauftragen, schützt dich das bei unvorhergese-
> henen Veranstaltungsabsagen vor möglichen Aus-
> fallforderungen.
>
> In dem Fall braucht es nur eine Zusicherung, wie
> mit deinem Honorar verfahren wird, wenn du be-
> reits einen Teil deiner vertraglich vereinbarten Ar-
> beitsleistung in dieses Projekt gesteckt hast, die-
> ses dann aber von deinem Auftraggeber abgesagt
> wird.

**Haftung und Versicherung:** Wer haftet, wenn etwas schief
geht, wofür? Welche Versicherungen muss der Auftragnehmer
ggf. nachweisen?

>  Wie beim letzten Punkt schon festgestellt, ist es
> für dich das Beste, wenn du keine Unteraufträge
> im eigenen Namen erteilst. Damit kann dich auch
> aus diesen Verträgen keine Haftung für eventuelle
> Schäden treffen, die du nicht tatsächlich selbst
> verursacht hast.
>
> Für deine Tätigkeit eine Berufshaftpflicht abzu-
> schließen, die auch die Ausführung von Veranstal-
> tungsverträgen und die Erbringung von Veranstal-
> tungsdienstleistungen einschließt, ist allerdings
> unverzichtbar, wenn du Haus und Hof behalten
> willst.

Was kontrovers klingt, ist eigentlich kein Grund zum Streiten:
Geh positiv ran und mache daraus eine Win-Win-Situation. Du
willst eine gute Arbeit leisten und gleichzeitig deine Interessen
schützen. Dein Auftraggeber vertraut auf deine Kompetenz
auf dem Gebiet der Organisation und Durchführung der dir
übertragenen Veranstaltung oder dem dir übertragenen Ver-
anstaltungsbereich. Es liegt also in euer beider Interesse, dass
all diese Punkte klar definiert und vertraglich fair geregelt
sind. Ein guter Veranstaltungsvertrag gibt beiden Parteien die
für eine erfolgreiche Veranstaltung erforderliche Sicherheit
und Klarheit, so dass du dich darauf konzentrieren kannst,

deinen Beitrag zu leisten und deinem Kunden eine unvergessliche Live-Veranstaltung präsentierst.

 Häufig haben die Auftraggeber keinen direkten
Bezug zur Veranstaltungsbranche, wenn es darum
geht Firmenevents, Weihnachtsfeiern und Messe-
events vorzubereiten und durchzuführen. Eine
perfekte Ausgangslage, dich mit deinen Kompe-
tenzen und deinen Kontakten in die Veranstaltungswirtschaft hier bereits in die Vertragsgestaltung aktiv einzubringen. Mein Mustervertrag kann
dir dabei sicher behilflich sein.

### 3.8.5 Der Konzertvertrag

Es ist geschafft, du hast die Band deiner Wahl für ein Live-
Konzert auf deiner Bühne begeistert. Aber halt, bevor sich die
Fans auf die grandiose Show wirklich freuen können, müssen
noch ein paar wichtige Formalitäten erledigt werden.

Über die Eckpunkte wie Datum, Zeiten, technische Anforderungen usw., hast du mit der Band viele Telefonate geführt
und E-Mails ausgetauscht. Ihr seid gemeinsam zu einem positiven Ergebnis gekommen und konntet euch sogar auf ein für
beide Seiten akzeptables Auftritts-Honorar einigen.

Die Band oder deren Agentur hat dir jetzt einen Konzertvertrag zugeschickt, den du genauestens prüfen solltest. Entspre-
chen alle Vertragspunkte den bisherigen Absprachen? Nur
wenn das so ist, solltest du ihn unterschreiben. Andernfalls
hilft nur eine Nachverhandlung.

Ein Konzertvertrag regelt alle relevanten Details der Zusammenarbeit zwischen dir als Veranstalter und der Band für das
jeweilige Event.

Um Missverständnisse zu vermeiden, sollte der Konzertvertrag
unbedingt folgendes enthalten:

**Termin und Ort:** Wann und wo findet das Konzert statt?
Auch andere wichtige Zeiten wie z.B. wann und wie die Band
anreist, ab und bis wann Zeit für einen Soundcheck

vorzusehen ist, ab wann der Einlass des Publikums erfolgen kann, sollten hier ebenso festgehalten werden, wie die Uhrzeit, zu der die Veranstaltung spätestens endet.

 Trotz Google-Maps haben die Künstler, wenn sie zum ersten Mal zu dir kommen, ab und an Probleme den Veranstaltungsort sofort zu finden. Du solltest darauf achten, dass deine Telefonnummer, unter der du am Veranstaltungstag erreichbar bist, im Vertrag steht, um die Jungs im Notfall telefonisch lotsen zu können, bevor dir dein Zeitplan um die Ohren fliegt.

**Spieldauer:** Wie viele Sets, wie lang und wann ggf. das letzte Set endet. Das sollte klar festgelegt sein, wenn es sich um eine Art Galaveranstaltung handelt. Geht cs um ein reines Live-Konzert, interessiert an dieser Stelle eigentlich nur die Gesamtspieldauer und ob die Band eine Konzertpause macht, wenn es seitens der Location keine die Spielzeit einschränkenden Vorgaben gibt.

 90 Minuten gelten allgemein als die vom Publikum erwartete übliche Mindestlänge eines Konzerts. Gerade bei der Verpflichtung junger Künstler oder Bands, die häufig nach ihrer ersten CD-Produktion auf Promotionstour gehen, kann es hier problematisch werden, wenn sich ihr Live-Set nur auf die Spieldauer der CD beschränkt. Das solltest du unbedingt im Vorfeld klären, um ggf. mit einem kurzen, aber passenden Vorprogramm rechtzeitig gegensteuern zu können und die Erwartung deines Publikums nach einem mindestens 90-minütigen Livemusik-Erlebnis nicht zu enttäuschen.

**Vergütung:** Welches Honorar erhalten die Künstler? Sind Reisekosten zusätzlich zu erstatten? In welchem Umfang sind Hotelübernachtungen und die Verpflegung der Künstler Vertragsbestandteil? Gibt es ein Buy-Out? Welche Zahlungsbedingungen gelten für die Auszahlung des Honorars? Sind bereits vor dem Konzerttermin Honorar-Anzahlungen zu leisten?

Mit einem sogenannten Buy-Out vereinbaren Veranstalter und Künstler einen fixen Betrag, den die Band erhält, wenn sich die Künstler eigenständig um ihre Versorgung oder Übernachtung kümmern.

Häufig erwarten Künstler unmittelbar nach Veranstaltungsende die Barauszahlung ihres Honorars. Du solltest dann unbedingt genügend Bargeld und einen Quittungsblock mit Stift zur Hand haben.

**Rechte und Abgaben:** Das betrifft eine Festlegung zu Bild-, Tonaufzeichnungs- und Übertragungsrechten. Wer übernimmt die Zahlung der auf das Programm der Künstler abzuführenden GEMA-Gebühren?

Auch wenn du das auf deine Kosten aufgezeichnete Material als Veranstalter des Live-Konzerts nur für deinen Gebrauch (ganz gleich ob privat oder zur öffentlichen Verwendung als Werbung für deine Veranstaltungsreihe) nutzen willst: Du brauchst dazu eine Einwilligung der Künstler. Habe Verständnis dafür, dass die Künstler hier oftmals nicht selbstbestimmt entscheiden können, wenn sie bei großen Labels unter Vertrag sind.

Im Übrigen betrifft das auch die Erteilung einer Foto-/Videoerlaubnis für dein Publikum. Leider denken viele Konzertbesucher, dass sie sich mit dem Konzertticket automatisch auch die Berechtigung gekauft haben, beliebig viele Fotos oder Videos mit ihrem Handy aufzuzeichnen und das dann alles ins Netz stellen zu dürfen. Das ist ein großer Irrtum. Erteilt dir der Künstler als Veranstalter diese Berechtigung nicht, bist du verpflichtet das Aufzeichnungsverbot während der Veranstaltung durchzusetzen, mindestens aber dein Publikum in geeigneter Weise zu informieren und auf das Verbot aktiv hinzuweisen.

**Absage und Stornierung:** Was passiert, wenn der Gig abgesagt wird oder die Band nicht spielen kann? Wenn es bereits eine Anzahlung der Gage gab, was wird damit? Dieser Teil des Vertrags schützt dich zwar nicht vor unvorhersehbaren Ereignissen, aber doch vor deren für dich wirtschaftlich nachteiligen Auswirkungen.

Wer garantiert uns, dass es nicht erneut zu pandemiebedingten Konzertabsagen kommen kann?

Du solltest dich also bei einem Konzertvertrag darauf einstellen, dass es heute auch dazu Regeln gibt. In deren Ergebnis du als Veranstalter aber zumindest an dieser Stelle, d.h. im Vertragsverhältnis mit den von der Absage ebenso betroffenen Künstlern, auf deinen bereits entstandenen Kosten hängen bleibst. Wichtig ist, dass die Band oder Agentur nicht versucht, sich hier einen Vorteil zu verschaffen und etwaige Abschlagszahlungen auch für den Pandemiefall mit dir zu vereinbaren. In deinem Sinne wäre eine Klausel für Höhere Gewalt in den Vertrag aufzunehmen, die unter bestimmten Umständen gegenseitige Forderungen ausschließt, die außerhalb der Kontrolle beider Vertragsparteien liegen.

Als Ersatz in dieser Not, kannst du dem Künstler vielleicht ein Livestream-Konzert ohne Publikum anbieten, so dass er im Tour-Rhythmus bleibt, sollten seine Konzerte an anderen Orten nicht ebenfalls abgesagt worden sein. Denkbar wäre auch dein Angebot, mit der Band möglichst schnell einen Ersatztermin zu vereinbaren

**Haftung und Versicherung:** Wer ist für was verantwortlich und wer zahlt, wenn etwas schief geht?

Die Künstler erwarten vom Veranstalter, dass er eine Veranstalterhaftpflicht abgeschlossen hat, so dass z.B. ihre Instrumente und das Band-Equipment während deiner Veranstaltung entsprechend wertgesichert sind.

**Technische Anforderungen:** Was benötigt die Band technisch für einen gelungenen Auftritt? Von der Soundtechnik bis zur Ausstattung der Backstage-Räume – alles sollte hier geregelt sein.

 Einen für dich sehr wesentlichen Vertragsbestandteil, stellen die im Technical Rider des Künstlers dokumentierten technischen Anforderungen dar. Für dich als Konzertveranstalter, sind damit oft hohe Kosten für die Bereitstellung durch einen Technikverleiher verbunden.

Prüfe also unbedingt, bevor du den Konzertvertrag unterschreibst, an dieser Stelle besonders genau, worauf du dich auf Seiten der geforderten Technik einlässt. Leider gleichen viele Technical Rider eher einer Wunschliste nach dem teuersten, der Band je zur Kenntnis gelangten, technischen Equipment und legt den Maßstab weit über das für die Show tatsächlich erforderliche Niveau. Hier nachzuverhandeln ist geradezu deine Pflicht, wenn du nicht in Kosten- oder/und Beschaffungsprobleme geraten willst.

Ein weiteres nicht selten anzutreffendes Phänomen ist die Aktualität des Technical Riders. Oft stammt der noch von der letzten Tour, als die Band noch drei Gitarristen hatte. Sich hier nochmal bei der Band zu versichern, dass der Technical Rider auch wirklich aktuell ist, spart dir am Veranstaltungstag Kopfzerbrechen, Stress und manchmal sogar Geld.

Als Veranstalter übernimmst du mit Unterzeichnung eines Konzertvertrages eine Menge Verantwortung und du bist gut beraten, dich nur auf dir damit auferlegte Pflichten einzulassen, die du auch tatsächlich erfüllen kannst. Das gilt ganz besonders für die vertraglich vereinbarte Höhe der Gage.

 Oft sind dem Vertragsabschluss unzählige Telefonate und E-Mails vorausgegangen. Bevor du dann aber den daraus entstandenen Konzertvertrag

> wirklich unterschreibst, solltest du nochmal che-
> cken, ob darin wirklich alle vorher besprochenen
> Punkte, Vereinbarungen und Informationen auch
> tatsächlich enthalten sind.
>
> Mein Artist-Vertrags-Check gibt dir hier die erfor-
> derliche Sicherheit und führt dich zur Prüfung
> durch alle wesentlichen Vertragsbestandteile.

## 3.9 Wie du für dein Live-Konzert Werbung machst

Die Welt der Werbung ist voller lauter Geräusche und bunter
Farben. Es ist nicht einfach, die richtigen Töne zu treffen und
die Aufmerksamkeit der Menschen auf dein Konzert zu ziehen.
Wenn du aber denkst, dass Werbung nur ein notwendiges
Übel ist oder du dir die Werbekosten lieber sparst, liegst du
falsch.

 Eine effektive Werbung kann für dein Konzert der
entscheidende Faktor sein, um es in die Gewinnzone zu bringen!

Aber Achtung: Hier kannst du auch viel Geld verbrennen,
wenn du deine Zielgruppe nicht kennst, deine Werbebotschaft
nicht verstanden wird oder dort nicht ankommt. Viel hilft oft
nicht viel – so genannte Streuwerbung ist nicht nur teuer,
sondern verfehlt auch oft ihr Ziel.

Bevor du also überhaupt über eine Werbemaßnahme nach-
denkst, musst du zunächst wissen, wen du damit ansprechen
willst und verstehen, wer deine Zielgruppe ist und wo sie me-
dial unterwegs ist. Das ist der erste Schritt, um effektiv zu
werben.

Im zweiten Schritt klärt sich, wie du deine Werbung der Zielgruppe am besten nahebringen kannst. Hier geht es zunächst
darum, den richtigen Tonfall, d.h. die richtigen Worte für
deine Werbebotschaft zu finden. Nicht alles passt zu allem
und jedem, wie dir die folgenden Beispiele zeigen:

> "**Rhythm Master Flash** mit fettesten Beats in town!"
> Die Botschaft dürfte einen Bluesrockfan kaum ansprechen.

> " Feel the blues, mit den **Delta Vibe Kings**! "
> Der Slogan passt ganz sicher nicht zu einem Hip-Hop Artist.

> "**Unleashed Sundown** stehen kurz davor, die Bühne in Brand zu setzen und du kannst Teil des Infernos sein!"
> Das lässt auf Vertreter der Hard an Heavy Szene schließen.

Sind die richtigen Worte gefunden, geht es jetzt um die Wahl eines für deine Zielgruppe geeigneten Werbeträgers. Aber wie immer, haben auch die verschiedene pros and cons.

**Pressemitteilungen:** Damit informierst du die lokale Presse kontinuierlich über alle Konzerttermine und Künstler, die du bei deinen Live-Konzerten präsentierst.

| **Pro** | kostenfrei | **Con** | Veröffentlichung? |

| **Pro** | Für 50+ gut geeignet |

 Auch wenn es für Pressemitteilungen und Konzertankündigungen keine Veröffentlichungsgarantie gibt, ist es ein sehr sinnvoller Ansatz, sich bei den Regionalmedien kontinuierlich ins Gespräch zu bringen. Vielleicht motivierst du einen Journalisten mit einer kostenfeien Pressekarte, dein nächstes Konzert zu besuchen. Wenn du dann Glück hast, kommst du so zu deinem ersten Konzertbericht in den Lokalmedien: gedruckt oder online. Ein solcher Beitrag wertet die Popularität deiner Aktivitäten in jedem Fall auf. Eine gute Chance also, durch die Öffentlichkeit stärker wahrgenommen zu werden.

**Social-Media:** Kommuniziere digital mit deinem Publikum. Teile Termine, Updates, Bilder und Videos zu deinen Konzerten. Und nutze gern auch den Umstand, dass Lokalmedien eigene Social-Media-Accounts haben und du dort mit Ankündigungen reinkommst.

| **Pro** | Meist kostenlos, außer du schaltest Anzeigen. | **Con** | Viele verschiedene Plattformen |
| | | **Con** | Algorithmen bestimmen über die Empfänger deiner Posts |
| | | **Con** | Für 50+ nur bedingt geeignet |

 Schnell kann die Pflege deiner Accounts zum Zeitfresser werden. Überlege genau, welche Plattform zu deiner Zielgruppe passt. Arbeite dort intensiv an der Erhöhung deiner Reichweite und baue eigene Gruppen auf, um mit den Mitgliedern direkt kommunizieren zu können.

Informationen und Ankündigungen auf mehreren Plattformen zu streuen, wenn du sie nicht kontinuierlich pflegen kannst, macht keinen Sinn.

**E-Mail-Newsletter:** Laut dem Fachdienst Statista nutzen 85 Prozent aller Menschen weltweit E-Mail. Newsletter sind perfekt, um Vertrauen und Loyalität aufzubauen. Du teilst nützliche Informationen, gibst deiner Marke eine Stimme und hältst deine Zielgruppe auf dem Laufenden.

| **Pro** | Kosten-Nutzen | **Con** | Versand muss nach strengen Datenschutzregeln erfolgen (DSGVO) |
| **Pro** | Direkt und kann personalisiert werden | | |
| **Pro** | Erfolg ist messbar | | |

Lasse nichts unversucht und baue dir so schnell wie möglich eine E-Mailliste deiner Zielgruppe auf. Der Link zur Newsletter-Anmeldung sollte den Besuchern deiner Website schnell ins Auge fallen.

- Schaffe zusätzliche Anreize und verschenke z.B. einen Gutscheincode zum Kauf eines Tickets an neue Newsletter-Empfänger
- Die Frage nach persönlichen Daten schreckt viele ab. Frage deshalb bei der Anmeldung zum Newsletter nur nach der E-Mailadresse
- Lege bei deinen Konzerten E-Maillisten aus und lade deine Besucher aktiv ein, sich in diese einzutragen, um kein Konzert mehr zu verpassen

 Beachte beim Versand deines Newsletters unbedingt die Vorgaben der europaweiten Datenschutz-Grundverordnung (DSGVO) und sorge dafür, dass du nur Empfänger in deinem E-Mailverteiler hast, die über das Double-Opt-In Verfahren dem Empfang deines Newsletters aktiv zugestimmt haben. Das trifft übrigens auch auf die Eigentümer der E-Mailadressen zu, die du über eine analoge Liste gesammelt hast.

**Flyer und Poster:** Ein Klassiker. Sie sind perfekt, um lokal zu werben und können echte Hingucker sein. Überlege auch, welche geeigneten Orte oder Partner du zum Auslegen von Flyern nutzen kannst.

| **Pro** | niedrige Druckkosten | **Con** | Grafiker meist teuer |
|---------|---------------------|---------|---------------------|
| | | **Con** | Auslageerlaubnis und Kosten |

Flyer oder Programmhefte auszulegen, macht meistens nur in den Vorverkaufskassen Sinn. Auch hier bringt dir das Prinzip Gießkanne keinen Mehrwert. Es erhöht nur Aufwand und Kosten, ohne dass du auch nur ein Ticket mehr verkaufst. Am effektivsten ist der Einsatz jedoch, wenn du die Druckerzeugnisse deinem Publikum am Einlass oder beim Verlassen deiner Konzerte direkt in die Hand drückst, um sie auf das nächste Konzert neugierig zu machen.

Um Druckkosten zu sparen, kannst Du einen Flyer so gestalten, dass du ihn mit einem Stempel ganz einfach zum Hard-Ticket machst. Eine Photoshop-Vorlage befindet sich in den digitalen Unterlagen, die du in meinem Webshop erwerben kannst.

**Radiowerbung:** Super, um eine breitere Zielgruppe zu erreichen und dein Event bekannt zu machen. Achte aber darauf, dass der Musikstil deines Live-Konzerts zur Musikrichtung des Senders passt – dann ist die Chance größer, dass dein Werbejingle wirkt und Publikum anlockt.

 Reichweite  sehr hohe Kosten

 Nimm die Adressen der Musik- und Kultursender deiner Region in den Verteiler der Presse- bzw. Medienmitteilungen auf. Vielleicht hast du Glück und dein nächstes Live-Konzert wird tatsächlich im Radio angekündigt.

Wenn du dem Sender ein paar kostenlose Tickets zur Verlosung bei seinen Hörern anbietest, steigen deine Chancen, dass dein Konzert Erwähnung findet.

Am Ende des Tages wird jedes noch so gute Rock- oder Pop-Konzert erst in der Verbindung mit dem Publikum zu einem einzigartigen Erlebnis. Dafür lohnt es sich, Werbung zu machen. Eine gut auf die Zielgruppe abgestimmte und keinesfalls aufdringliche Werbung dient nicht nur der Unterstützung des

Ticketverkaufs: Du baust damit auch eine engere Verbindung zu deinem Publikum auf und schaffst Aufmerksamkeit für dein Event oder dein Veranstaltungsprogramm.

 Auch kreative und einprägsame Botschaften bleiben in den Köpfen der Menschen nur dann hängen, wenn sie über die Medien und die Zeit hinweg konsistent sind. Der Wiedererkennungswert zählt!

Achte deshalb von Anfang an auf Corporate Design. Entwickle ein durchgängiges, wiedererkennbares Erscheinungsbild bei der Gestaltung deiner Website, Programmheften, Flyern, Plakaten usw. Mache nicht zu viel. Das, was du machst aber kontinuierlich und in gleichbleibend hoher Qualität.

## 3.10 Wie du den Durst deines Publikums stillst

Du musst auf deinem Live-Konzert natürlich kein Bier verkaufen, was aber nicht heißt, dass es auf deinen Konzerten kein Getränkeangebot geben soll.

Warum es sogar wichtig ist, deinem Publikum während deiner Konzertveranstaltungen Getränke anzubieten kann in drei Punkten zusammengefasst werden.

**Wohlfühleffekt:** Richtig gute Konzerte bringen meist das Publikum zum Schwitzen. Hier kommen Getränke ins Spiel. Sie stillen den Durst, sorgen für Erfrischung und tragen dazu bei, dass das Publikum bis zum letzten Lied voller Energie ist! Außerdem lässt sich die Kundenbindung stärken, wenn deine Gäste ihre Lieblingsgetränke vor Ort genießen können.

 **B**ier, **B**ockwurst und **B**rötchen, das 3-Gangmenü eines Live-Konzerts sorgt für entspannte Gäste. Wobei dieses Menü nur symbolisch für ein gastronomisches Angebot steht – es können auch Brezel, vegane Kekse oder Steaks vom Grill sein.

> Bei Konzerten, die Wochentags stattfinden, kommen viele Besucher direkt von ihrer Arbeitsstelle zur Veranstaltung. Wenn jetzt deine Theke nichts zu bieten hat, setzen sie sich demnächst mit einer Tüte Chips zuhause vor den Fernseher. Es ist also eine Chance für dich, mit den drei großen „B" der Konzert-Gastronomie an der Theke Pluspunkte zu sammeln.

**Gesundheit:** Wenn´s vor der Bühne richtig kuschlig wird, steigt die Temperatur nicht nur im Saal. Durch Dehydrierung kann es im Publikum schnell zu gesundheitlichen Problemen wie Schwindel, Hitzschlag oder im extremen Fall sogar zur Ohnmacht kommen. Ein ausreichendes alkoholfreies oder gar gesundes Getränkeangebot wirkt dem effektiv entgegen und ist allein aus diesem Grund ein unbedingtes Muss.

> Die Inflation treibt auch die Getränkepreise, aber Wasser ist für alle da. Das gilt zumindest in der Gastronomie vieler südlicher Länder, wo man seinen Restaurantgästen grundsätzlich auch kostenlos Trinkwasser anbietet. Das bei deinem Live-Konzert genau so zu tun, ist kein Problem und verursacht dir keine Kosten. Deine Gäste werden diese Geste aber ganz sicher zu schätzen wissen.

**Geschäft:** Neben dem gesundheitlichen Aspekt ist der Verkauf von Speisen und Getränken bei Live-Konzerten auch ein bedeutender finanzieller Faktor. Die Margen sind hier in der Regel höher als bei den Ticketverkäufen und können einen erheblichen Beitrag zum wirtschaftlichen Gesamtergebnis eines Live-Konzerts leisten.

Die Frage nach einem Getränkeangebot bei deinen Veranstaltungen lautet also nicht ob, sondern wer und was. Übernimmst du als Veranstalter den Thekenbetrieb selbst oder überträgst du diese Aufgabe einem Dienstleister? Das zu entscheiden, liegt in deiner Hand. Bedenke aber dabei auch, dass die Getränkebeschaffung und der Ausschank jede Menge Arbeit und zusätzliches Personal bedeuten. Bekommst du es hin, sollte dir die Theke zusätzlichen finanziellen Spielraum generieren und dir zusätzlich Geld zur Kostendeckung deiner Veranstaltung in die Kasse spülen.

 Wenn du dein Konzert in einem Klub veranstaltest, sind manche Betreiber bereit, dir die Bühne mietfrei zu überlassen, wenn sie die Einnahmen der Theke für sich behalten können und du das Live-Konzert und die Veranstaltungsorganisation komplett auf deine Rechnung nimmst.

 Solltest du dich dazu entschlossen haben, die Theke bei deiner Veranstaltung in Eigenregie zu betreiben, kommen zusätzliche Aufgaben auf dich zu. Die wichtigsten sind in meinem Theken-Check, den du im Digitalpaket zum Buch in meinem Webshop findest, zusammengefasst.

## 3.11 Wie du dich in Sicherheit bringst

Konzertveranstalter bewegen sich in einem Umfeld, das sehr stark von künstlerischer Vielfalt, Freiheit und Lebensfreude geprägt ist. Kein Mensch denkt in einer solchen Situation daran, dass auch etwas schief gehen könnte und vergisst dabei, dass jede Veranstaltung auch spezifische Unfallrisiken in sich birgt, die Veranstalter vor große Herausforderungen stellen können. Die Vielschichtigkeit dieser Risiken erfordert eine differenzierte Betrachtung des Versicherungsschutzes, der über die gängige Veranstalterhaftpflicht hinausgeht, auf die wir in Punkt 4.7.4 noch genauer zu sprechen kommen.

 Um dir einen Überblick über alle mit deinem Live-Konzert verbundenen Risiken zu verschaffen und rechtzeitig geeignete Maßnahmen zu deren Minimierung ergreifen zu können, hilft dir ein Risiko-Check, den du mit meiner Checkliste schnell und effektiv durchführen kannst.

Was vielfach vergessen und von nahezu allen Beschäftigten in der Kreativwirtschaft oft unterschätzt wird, ist die Absicherung der eigenen Person und das gilt auch für die des Veranstalters. Es ist ein weit verbreiteter Irrglaube, dass die Veranstalterhaftpflicht-Versicherung den Aspekt der Absicherung der eigenen Arbeitskraft mit abdeckt.

Eigentlich logisch und schon an der Bezeichnung dieser Versicherung gut abzulesen, sichert eine Veranstalterhaftpflicht-Versicherung den Veranstalter nur für den Haftungsfall ab, wenn:

- der Schadens-/Unfall während der versicherten Veranstaltungsdauer eintritt
- ein Schaden Dritten, d.h. Publikum, mitwirkenden Künstlern, Technikern und Servicekräften entstanden ist

Damit ist klar, dass diese Versicherung die Person des Veranstalters selbst weder während einer so versicherten Veranstaltung noch im Zeitraum zwischen den Veranstaltungen in jedweder Weise absichert.

Dabei sind Unfallrisiken nicht die einzigen, die dich bei deiner Tätigkeit als Konzert-Veranstalter unerwartet aus der Bahn werfen und sowohl die Fortführung deiner Tätigkeit als auch dein Geschäft als Ganzes schnell in Frage stellen können.

Für deine persönliche Absicherung musst du selbst sorgen und dabei solltest du folgende Risikobereiche bedenken:

**Krankheit und Alter:** So lange du nebenberuflich oder ehrenamtlich nur in deiner Freizeit als Veranstalter arbeitest, bist du zumindest im Sozialversicherungsbereich über deinen Hauptjob abgesichert. Kranken-, Pflege- und Rentenversicherung sind dann als Nebenberufler nicht dein Thema. Arbeitest du aber als selbstständiger oder freiberuflicher Konzert-Veranstalter im Hauptberuf, musst du dich zwangsläufig auch mit diesen Themen befassen und solltest dich rechtzeitig vor deinem Schritt in die Selbstständigkeit von deiner Kranken- und Rentenkasse beraten lassen, um eine von dir sicher zu finanzierende Lösung in diesen Bereichen parat zu haben, wenn du startest.

**Berufliches Risiko:** Gerade, wenn du als Veranstalter im Auftrag Dritter handelst, worauf wir bereits in Kapitel 3.3. eingegangen sind, können dir Fehler unterlaufen, für die du als

Auftragnehmer haftest. Eine Berufshaftplicht-Versicherung kann dich hier schützen und du solltest den Abschluss einer solchen Versicherung nicht scheuen, um zumindest die finanziellen Folgen so abfangen zu können, damit sie deine berufliche Existenz nicht gefährden.

**Unfall:** Unfallgefahren lauern überall, aber gerade in der Welt der Konzerte und Veranstaltungen, in der man oft mit dem Auf- und Abbau von Bühnentechnik und elektrischen Geräten konfrontiert ist, ist dieses Risiko besonders relevant. Eine Unfallversicherung schützt dich dann sowohl als Veranstalter und – solltest du Mitarbeiter beschäftigen auch diese – falls es zu einem Arbeitsunfall kommt. Dieser Schutz betrifft zumindest die daraus entstehenden wirtschaftlichen Folgen.

Bist du hauptberuflich als Veranstalter tätig, sollte eine der Berufsgenossenschaften deine erste Adresse in Sachen Unfallversicherung sein. Unter dem Dach der Deutschen Gesetzlichen Unfallversicherung (DGUV) ist für Veranstalter die VBG, für Techniker die BG ETEM und bei Veranstaltungen im Freien bzw. in gastronomischen Einrichtungen ggf. auch die BGN zuständig. Sie bieten umfangreiche Informationen zum Arbeits-und Unfallschutz in der Veranstaltungsbranche, beraten zu Versicherungsschutz und helfen im Ernstfall.

Als Ehrenamtler oder wenn du ausschließlich nebenberuflich tätig bist, solltest du mit dem Versicherungsvertreter deines Vertrauens über den Abschluss einer zusätzlichen Unfall-Absicherung nachdenken.

**Beschädigung und Verlust deines Equipments:** Wenn du eigene Technik benutzt – und das kann auch nur dein Laptop und muss keine LKW-füllende Ton- oder Lichtanlage sein –, dann ist sie während der Veranstaltung über die Veranstalterhaftpflicht meist mitversichert. Aber jede Veranstaltung endet irgendwann und auch oder gerade dann, wenn du alles im Transporter oder deinem Lager verstaut hast, ist dein Equipment zum Beispiel diebstahlgefährdet oder könnte durch eine Unachtsamkeit beschädigt werden oder verloren gehen.

In Abhängigkeit des Versicherungswertes deiner Technik soll-test du dich rechtzeitig über die Möglichkeiten eines ausrei-chenden Versicherungsschutzes informieren und ggf. eine Sach- und Equipment Versicherung abschließen.

**Rechtschutz:** In der Welt der Konzertorganisation, wo recht-liche Auseinandersetzungen sowohl zeitaufwendig als auch kostenintensiv sein können, stellt eine Rechtsschutzversiche-rung eine wichtige Säule des Risikomanagements dar. Sie stärkt deine Position in erster Linie bei Vertragsstreitigkeiten und bei der Durchsetzung oder Abwehr haftpflichtrechtlicher Ansprüche. Für dich als unabhängigen Konzert-Veranstalter ist es deshalb besonders empfehlenswert, diese Versicherung in Betracht zu ziehen. Bist du hingegen ehrenamtlich für einen Verein tätig, solltest du zunächst dort die Versicherungssitua-tion prüfen, da es gut möglich sein kann, dass der Verein über einen entsprechenden Versicherungsrechtsschutz verfügt.

Auf der Website des Vereins Deutsches Ehrenamt e.V. kannst du dich informieren, welche vereins-spezifischen Versicherungsprodukte es gibt und gegen welche Risiken sie ihre Mitglieder und Vor-stände absichern können.

Wenn du deine abhängige Beschäftigung an den Nagel hängst und in die Selbstständigkeit startest, hast du u.U. noch Ansprüche aus der Arbeitslo-senversicherung, die du dir für 4 Jahre auch als Selbstständiger für schlechte Zeiten bewahren kannst. Möglich ist auch der Ausbau dieser An-sprüche auf Arbeitslosengeld, wenn du als freiwil-lig Versicherter weiter freiwillig in die Arbeitslo-senversicherung einzahlst. Anders als in einem abhängigen Beschäftigungsverhältnis, sind die monatlichen Beiträge für Selbstständige unabhän-gig vom Einkommen und in Summe erschwing-lich.

Aber Achtung: Die Entscheidung, ob du der Ar-beitslosenversicherung freiwillig weiter treu bleibst, musst du innerhalb der ersten drei

> Monate deiner Selbstständigkeit treffen und bei
> der Bundesagentur für Arbeit einen Antrag auf ein
> „Versicherungsverhältnis auf Antrag – Selbststän-
> dige Tätigkeit" stellen.
>
> Für einen moderaten monatlichen Beitrag schaffst
> du dir damit für Zeiten, da der Veranstaltungsbe-
> trieb zwangsweise ruht, wie wir sie aus den letz-
> ten Jahren kennen und für Phasen mit schlechter
> Auftragslage, ein Stück finanzielle Sicherheit.

Natürlich ist die Größe deines Sicherheitspakets auch von dem
dir dafür zur Verfügung stehenden Budget abhängig, denn der
Abschluss von Versicherungen verursacht immer auch Kosten.
Wenn du es aber tust, ist jeder Abschluss auch ein wichtiger
Baustein zu deinem umfassenden persönlichen Schutz. Die
richtige Absicherung hilft dir nicht nur, die wirtschaftlichen
Auswirkungen verschiedener Risiken zu minimieren, sondern
ermöglicht es dir auch, dich mit mehr Sicherheit auf die krea-
tive und organisatorische Arbeit zu konzentrieren, und deinem
Herzen weiter zu folgen.

Zu deiner Sicherheit als Veranstalter – gerade, wenn du all-
mählich in den Job reinwächst oder das Ganze womöglich
hauptberuflich betreibst – gehören dann auch folgende Überlegungen:

**Gewerbeausübung:** Als hauptberuflicher Veranstalter bist
du ein gewerblicher Unternehmer, der seine Tätigkeit bei den
örtlichen Behörden anmelden und ggf. auch im Handelsregis-
ter eintragen lassen muss. Das bedeutet dann: Du wirst automatisch Mitglied der zuständigen Industrie- und Handelskam-
mer (IHK), die Beiträge erhebt.

> Wer ein Gewerbe im Eventmanagement betreibt
> und es nicht anmeldet, begeht eine Ordnungswid-
> rigkeit, die mit hohen Bußgeldern und fälligen
> Nachzahlungen geahndet werden kann. Die Höhe
> der Einnahmen oder der zeitliche Umfang der Tä-
> tigkeit spielen dabei keine Rolle.

**Steuern:** Wie bisher schon als Angestellter musst du auch als Selbstständiger Einkommen, also den mit deiner selbstständigen Tätigkeit erwirtschafteten Gewinn, versteuern. Arbeitest du im Hauptberuf, also als gewerblicher Unternehmer und erwirtschaftest einen jährlichen Gewinn von mehr als 24.500 €, wird zusätzlich noch die Gewerbesteuer fällig. Die Höhe der Gewerbesteuer hängt einerseits von deinem Geschäftsergebnis und andererseits vom individuellen Hebesatz in deiner Stadt oder Gemeinde ab. Auf die Mehrwertsteuer gehen wir noch in Punkt 4.7.1. näher ein.

 Du solltest das Thema Steuern unbedingt mit deinem Steuerberater erörtern – ein Lohnsteuerhilfeverein ist nicht für Selbstständige zuständig.

**Firmen-Rechtsformen:** Zumeist startet man als hauptberuflicher Veranstalter als Einzelunternehmer. Falls du in den hauptberuflichen Veranstalter-Job zusammen mit Partnern startest, solltest du über die Gründung einer Gesellschaft bürgerlichen Rechts (GbR), als eine der fünf Formen von Personengesellschaften nachdenken – es ist die preiswerteste Form ohne Geldeinlagen. Die Gründung einer Gesellschaft mit beschränkter Haftung (GmbH), als eine der drei Formen von Kapitalgesellschaften kostet dagegen Geld als Einlage. Eher nicht in Frage kommen für dich als Berufs-Veranstalter „exotische" Unternehmensformen wie die OHG, die KG, die AG und Mischformen sowie Sonderformen wie eine Genossenschaft oder Stiftung.

 Auch dafür – die Rechtsform deiner Veranstaltungsfirma – solltest du dir unbedingt Rat holen (etwa bei der IHK), was für deine Situation geeignet und passend ist.

# 4. Was du bezahlen musst

Die Organisation eines Konzerts kannst du dir auch wie das Komponieren eines Songs vorstellen. Jeder Ton, jedes Instrument, muss genau stimmen, um die perfekte Harmonie zu erzeugen. Das Gleiche gilt für Soll und Haben in der Finanzwelt. Beides muss ausgeglichen und stimmig sein. Bevor du die Bühne mit deinem ersten Live-Konzert zum Beben bringen kannst, solltest du unbedingt alle wichtigen Kostenquellen und Finanzierungsmöglichkeiten kennenlernen.

Mein ConcertCalculator, den du in meinem Webshop erwerben kannst, ist ein hervorragendes Instrument zur Kostenplanung und Abrechnung deines Live-Konzerts. Das Excel basierte Kalkulationstool sorgt dafür, dass du über alle möglichen anfallenden Veranstaltungskosten sowie fällige Steuern und Abgaben immer den Überblick behältst. Außerdem unterstützt es dich bei der Preisfindung für deine Tickets und zeigt dir, wie sich die unterschiedlichen Arten von Honorar-/Gagenvereinbarungen, die du mit deinem Live-Act vereinbaren kannst, auf dein finanzielles Risiko und - wenn du alles richtig gemacht hast - auf deinen wirtschaftlichen Gewinn als Veranstalter auswirken.

## 4.1 Welche Veranstaltungskosten es gibt

Zu den Veranstaltungskosten gehören alle Ausgaben, die dir als Veranstalter im Zusammenhang mit einem Konzert entstehen. Dabei unterscheiden wir fixe und variable Kosten.

Die fixen Kosten sollten dir am Ende deiner Planungsphase und damit lange bevor das erste Gitarrenriff von deiner Live-Bühne schallt, vollständig bekannt sein. Sie fallen z.B. im Ergebnis deiner Verhandlungen mit Vermietern in Form der Miete und im Ergebnis der behördlichen Anmeldung deiner Veranstaltung in Form von Abgaben und Gebühren in bestimmter Höhe an - ganz egal, wie lange das Konzert geht und von wie vielen Leuten es besucht wird.

Das hat für dich den großen Vorteil, dass du dich auf diese Kosten bereits vor deiner Veranstaltung perfekt einstellen kannst und dir rechtzeitig intensiv Gedanken darüber machen und nach Lösungen suchen kannst, womit du diese Fix-Kosten am Ende des Tages, also nach dem Konzert, begleichen kannst.

Andererseits stellt die Höhe der Fix-Kosten den wesentlichen Teil deines finanziellen Risikos als Konzertveranstalter dar und du solltest unbedingt genau wissen, worauf du dich damit einlässt.

Im Gegensatz dazu verhalten sich variable Kosten immer in Abhängigkeit zu einem oder mehreren anderen Faktoren. Als Beispiel sei hier die GEMA-Gebühr genannt, deren Höhe sich ausgehend vom Charakter deiner Veranstaltung erst aus den damit tatsächlich realisierten Einnahmen des Ticketverkaufs ergibt.

Zur Einschätzung der variablen Kosten ist also dein Augenmaß gefragt. Ob die auf deinen Erfahrungswerten basierende Einschätzung der variablen Kosten während der Planung realistisch war, wird sich erst bei der Endabrechnung zeigen. Aber klar, je länger du im Geschäft bist, desto treffsicherer werden deine Vorhersagen.

Im Verlauf der nächsten Seiten durchstreifen wir gemeinsam alle relevanten Veranstaltungskosten. Du wirst aber auch erfahren, wie du den Anteil variabler Kosten bei deinen Veranstaltungen reduzierst und mit geeigneten Maßnahmen dadurch insgesamt treffsicherer planen kannst.

## 4.2 Faire Gagen für Künstler

Die Gage ist nicht selten der Hauptkostenfaktor bei der Veranstaltung eines Live-Konzerts. Hier stoßen zwei sich diametral gegenüberstehende Interessen aufeinander, da sowohl die Künstler als auch der Veranstalter den größtmöglichen finanziellen Nutzen aus ihrer Arbeit ziehen möchten.

Über das Thema fairer Gagen wird seit Jahren debattiert, da wir uns aber im Live-Geschäft auf einem klassisch freien Markt bewegen, bestimmt auch hier im Wesentlichen die Nachfrage den Preis. Dennoch solltest du als Veranstalter den Bogen bei der Verhandlung der Gagen gegenüber den Künstlern nicht überspannen.

Die Arbeitsgruppe „Faire Vergütung" des Deutschen Musikrates erarbeitete und verabschiedete im April 2023 eine Empfehlung. Diese sieht u.a. als Honoraruntergrenze für Berufsmusiker perspektivisch einen Tagessatz in Höhe von 675 € vor, der stufenweise über mehrere Jahre erreicht werden soll.

Auch der Verband deutscher Tonkünstler (DTKV) beschäftigt sich mit dem Thema der Honorare.

 Der DTVK stellt zwei Onlinerechner zur Verfügung, die Musikern die Möglichkeit geben, ausgehend von ihrer individuellen Situation Honorarsätze zu berechnen.

Ein Blick auf diese Tools lohnt, um ein Gefühl dafür zu bekommen, welche Honorarerwartungen ein Berufsmusiker aufgrund seiner sozialen Situation hat.

Auch wenn diese Empfehlungen nicht rechtsverbindlich sind, geben sie dir doch eine erste Orientierung.

 Realistische Konzert-Gagen liegen heute für professionelle Live-Acts in deutschen Musik-Klubs und auf kleineren bis mittleren Live-Bühnen bis ca. 500 Besucher meist bei ca. 200 – 500 € je Musiker und Konzertabend.

Fairness entsteht aber nicht nur durch die Höhe der ausgezahlten Gage. Ein zweiter Aspekt ist die Art und Weise, wie diese zustande kommt.

## 4.2.1 Fix-Gage vs. Prozent-Deal

Grundsätzlich kann man diese beiden Vereinbarungsformen zur Ermittlung der Konzert-Gage unterscheiden.

**Fix-Gage:** Vereinbarst du mit dem Künstler eine Fix-Gage, sichert das den Künstler gegen das mögliche Risiko zu geringer Ticketverkäufe und damit zu geringen Veranstaltungs-Einnahmen maximal ab. Für dich als Veranstalter bedeutet eine solche Vereinbarung hingegen, dass du in jedem Fall, auch wenn du kein einziges Ticket für das Konzert verkauft haben solltest, die Fix-Gage in der vereinbarten Höhe zu bezahlen hast.

 Fix-Gage ist im umgekehrten Sinne gleichbedeutend mit Fix-Kosten. Sie ist ein festgeschriebener Betrag und alle darauf bezogenen Abgaben und Steuern sind in der Planungsphase exakt zu bestimmen

 Das wirtschaftliche Risiko der Veranstaltung liegt zu 100% beim Veranstalter

 Der Künstler ist aus wirtschaftlicher Sicht nicht motiviert, die Veranstaltung für den Veranstalter in die Gewinnzone zu bringen

In der Livemusik-Szene der Klubs spielen reine Fix-Gagen im Allgemeinen eine untergeordnete Rolle. Deutlich häufiger treffen Bands und Veranstalter hier Gagen-Vereinbarungen, die das Veranstaltungsrisiko zwischen ihnen teilen.

**Prozent-Deal:** Hier wird die auszuzahlende Gage durch zwei Parameter bestimmt. Einerseits ist die Gage von der Höhe der Veranstaltungseinnahmen aus dem Ticketverkauf abhängig. Andererseits von dem zwischen Künstler und Veranstalter auf prozentualer Basis vereinbarten Verteilungsschlüssel.

**Pro** Das Veranstaltungsrisiko wird prozentual geteilt

**Con** Die Höhe der Gage ist flexibel und alle darauf bezogenen Abgaben und Steuern ergeben sich erst nach der Veranstaltung, bei der Endabrechnung

**Pro** Sowohl Künstler als auch Veranstalter sind motiviert, die Veranstaltung gemeinsam in die Gewinnzone zu bringen

**Con** Erhöhter Erklärungsbedarf

Einerseits verzichten die Künstler bei Abschluss eines reinen Prozent-Deals auf ein garantiertes Honorar, was Dein finanzielles Risiko als Veranstalter gerade bei unerwartet schlecht besuchten Veranstaltungen minimiert. Honorarvereinbarungen als Prozent-Deals ab dem ersten verkauften Ticket abzuschließen, birgt aber für den unerfahrenen Veranstalter in der Planungsphase auch einige Gefahren durch die damit verbundene Flexibilisierung aller auf die ausgezahlte Gage bezogenen Steuern und Abgaben.

Eine andere damit im Zusammenhang stehende Herausforderung ist für dich, deine Einschätzung der erwarteten Besucherzahlen. Gehst du hier während der Planung zu optimistisch ran und bleibt die Hälfte der von dir zur Deckung deiner Kosten geplanten Besucher am Konzertabend zuhause und kauft kein Ticket, bleibst du zwangsläufig auf 50 Prozent deiner Kosten sitzen.

 Zur Entschärfung dieses Problems kann es sinnvoll sein, zwei unterschiedliche Verteilungsschlüssel zu vereinbaren. Um deine Veranstaltungskosten sicherer decken zu können, kannst du z.B. versuchen, für die ersten verkauften Tickets einen für dich günstigeren Deal (z.B. 45%) abzuschließen. Im Gegenzug gewährst du den Künstlern für alle darüber hinaus verkauften Tickets einen für sie größeren Anteil (z.B. 70%) der Ticket-

Einnahmen. Im Ergebnis dieser zweistufigen Vereinbarung brauchst du wegen des für dich in der ersten Stufe günstigeren Verteilungsschlüssels weniger Ticketverkäufe zur Deckung deiner Veranstaltungskosten. Allerdings steigt auch dein möglicher Gewinn anschließend langsamer.

**Beispiel**:

Für deine Veranstaltung können maximal 120 Tickets verkauft werden. Nach deiner Einschätzung erwartest du ca. 90 bis 100 Besucher. Vereinbare für die Einnahmen der ersten 80 Ticketverkäufe einen 55/45-Deal und ab dem 81. Ticket z.B. einen 70/30-Deal.

Um als Veranstalter einem Prozent-Deal möglichst schadlos zustimmen zu können, solltest du Folgendes beachten:

- Bei einem Anteil von 60 bis maximal 80% der zum Verkauf stehenden Tickets, muss der dir von den Ticketeinnahmen zustehende Anteil die Veranstaltungskosten zu 100% decken
- Du musst in der Lage sein, die auf die Gage bezogenen und damit flexiblen Steuern und Abgaben, ebenso sicher und vollständig einschätzen und berechnen zu können, wie die Fix-Kosten deiner Veranstaltung. Deine Kalkulation muss „wasserdicht" sein

Eine dritte und in der Veranstaltungspraxis häufig anzutreffende Form der Vereinbarung zur Ermittlung der Künstler-Gagen besteht aus der Kombination der beiden bereits besprochenen zwei Vereinbarungsformen.

In der realen Veranstaltungspraxis der Live-Klubs und kleinen Sälen solltest du als Veranstalter bei deinen Vertrags- und Gage-Verhandlungen immer versuchen, Bands und Künstler in eine monetäre

> Mitverantwortung für den wirtschaftlichen Erfolg des Konzerts zu nehmen.

## 4.2.2 Kombi-Deal

Mit dem Ziel, den Künstler in die wirtschaftliche Mitverantwortung einzubeziehen, ergibt sich die Höhe der auszuzahlenden Gage bei dieser Variante zu einem Teil aus einem mit dem Künstler vereinbarten Fixum und zu einem zweiten Teil aus der prozentualen Teilung der Ticket-Einnahmen, die den Break-Even-Point (BEP), über den du im nächsten Punkt mehr erfährst, überschreiten.

Auch wenn die Berechnung und Erläuterung der mathematischen Zusammenhänge und damit der Vertragsabschluss eines Kombi-Deals oft etwas schwieriger ist, lohnt der Aufwand.

 Rücke das Thema FAIRNESS und Kostentransparenz in den Vertragsverhandlungen immer ins Zentrum der Gespräche, denn der Kombi-Deal nimmt einerseits den Künstler in die Mitverantwortung, alles zu tun, um die Veranstaltung in die Gewinnzone zu führen, garantiert ihm aber gleichzeitig die Erstattung seiner durch die Veranstaltung entstandenen, direkten Aufwandskosten durch den Veranstalter.

| **Pro** Das Veranstaltungsrisiko wird geteilt |  Die Ergebnisrechnung ist etwas aufwendiger |
|---|---|
| **Pro** Sowohl Künstler als auch der Veranstalter sind motiviert, die Veranstaltung in die Gewinnzone zu bringen |  Erhöhter Erklärungsbedarf |

Mit der Offenlegung deiner Veranstaltungskosten (open-book-calculation) bringst du dem Künstler ein Maximum an Vertrauen entgegen und untermauerst damit deinen Anspruch an einer für beide Partner fairen Vereinbarung. Durch die Kenntnis deiner Veranstaltungskosten hat der Künstler auch die Möglichkeit, selbst kostenreduzierende Maßnahmen einzubringen und z.B. Teile der benötigten Ton- oder Lichttechnik, selbst zu stellen und dadurch z.B. die Technikkosten in beiderseitigem Interesse zu reduzieren.

Auch bei der Kalkulation und Abrechnung eines Kombi-Deals unterstützt dich der ConcertCalculator und liefert dir für die Vertragsverhandlungen mit den Künstlern transparente, leicht verständliche Unterlagen.

Bedenke bei deinen Vertragsverhandlungen immer, dass nichts schneller die Runde macht als dein schlechter Ruf, wenn du deinem Gegenüber inakzeptable Angebote unterbreitest.

Wenn Künstler on Tour sind, gibt es im Tourplan meist auch Off-Days (Lücken und freie Tage), an denen sich kein Veranstalter für ein Live-Konzert gefunden hat. Die Band muss an solchen Tagen selbst die Kosten für ihre Verpflegung und Übernachtung tragen, bevor es am nächsten Tag mit der Tour weitergehen kann. An diesen Tagen sind Bands und Agenturen bei den Gage-Verhandlungen meist sehr kompromissbereit.

Und, natürlich kann man auch an Montagen, wie an jedem anderen Tag der Woche, erfolgreich Live-Konzerte veranstalten. Nutze also Off-Days, um bei der Verpflichtung einer Band Gage-Kosten zu sparen.

Biete der Band oder Agentur einen Wochentag-Termin für ein Live-Konzert an. Vermutlich kommt man dir bei der Gage entgegen und du kannst

> deinem Publikum einen interessanten Act zu für
> dich bezahlbaren Konditionen präsentieren.

### 4.2.3 Was zum Himmel ist der BEP?

Der Break-Even-Point (BEP) kennzeichnet in der Einnahmen-Überschuss-Rechnung den Punkt, ab dem die Ticket-Einnahmen alle Veranstaltungs-Kosten decken. Das mit dem Künstler als Garantie vereinbarte Fixum ist dabei Bestandteil der Fix-Kosten und geht dadurch in die Ermittlung des BEP ein.

Für dich als Veranstalter reduziert sich das wirtschaftliche Risiko spürbar, wenn du mit der Vereinbarung eines möglichst niedrigen Fixums, das sich im günstigsten Fall aber mindestens am tatsächlichen Aufwand des Künstlers orientieren sollte, nur eine geringe Gagen-Garantie eingehst.

Im Gegenzug kannst du dem Künstler einen höheren Anteil der Veranstaltungseinnahmen ab Erreichen des BEP zugestehen.

### 4.3 Fahrtkosten für Künstler

Manche Künstler betonen, selbst zum fahrenden Volk zu gehören. Vermutlich meinen sie damit, zwischen ihren Live-Auftritten viel Zeit auf den Straßen zu verbringen. Nicht selten reisen Bands mehrere hundert Kilometer, um ein Live-Konzert spielen zu können.

Es ist bekannt, dass sich die Spritpreise von kleinen Schwankungen abgesehen, seit 2020 in einem fast stetigen Anstieg befinden. Das wirkt sich natürlich auch auf die Fahrtkosten der Musiker aus, die nicht gleich im Haus neben deiner Location wohnen.

Bislang wurden diese Kosten meist in die von den Künstlern geforderten Gagen eingerechnet. Die Vermischung von Honorar- und Fahrtkosten ist intransparent und lässt befürchten, dass das eine das andere vielleicht etwas kaschieren soll. Die teilweise kurzfristig steigenden Spritkosten können dem

Musiker dann sogar zum Nachteil werden und seine eigentliche Gage reduzieren.

 Aber es gibt noch ein weiteres, fast zwingendes Argument, weshalb du Fahrtkosten, getrennt von Gagen vereinbaren und auf den Rechnungen der Künstler separat ausweisen lassen solltest.

Wir kommen darauf in Punkt 4.7.3 und 4.7.8 zu sprechen, wenn wir uns mit den Abgaben zur Künstlersozialkasse und der Ausländersteuer noch ausführlich befassen.

Einen Anhaltspunkt zur Vereinbarung einer Fahrtkostenvergütung liefern dir die deutschen Finanzämter. Ab dem 21. Entfernungskilometer billigen sie uns Steuerzahlern seit 2022 im Rahmen der Pendlerpauschale 38 Cent Steuerbefreiung pro Entfernungskilometer zu. Sollten Künstler oder Bands mit einem Elektro- oder Hybrid-Fahrzeug anreisen, kannst du vielleicht anbieten, diese Fahrzeuge am Veranstaltungsort aufzuladen – denn Strom brauchst du für deine Live-Veranstaltung ohnehin.

 Wenn du also mit dem km-Wert der Pendlerpauschale oder dem Lade-Angebot in die Verhandlungen gehst und die Fahrstrecke von dem Ort aus berechnest, von dem der Künstler zu deinem Konzert anreisen wird, unterbreitest du ein gut begründetes, faires Angebot.

# 4.4 Catering für Künstler und deine Crew

Gerade wenn Bands on Tour sind, ist gesunde Ernährung oft ein heikles Thema. Hier kannst du als Veranstalter mit wohlschmeckender, gesunder Kost zusätzlich punkten und Künstlern einen zusätzlichen Anreiz schaffen, damit der Band-Bus tatsächlich an deiner Location stoppt.

Die für das Catering zu berücksichtigenden Kosten hängen davon ab, was zubereitet werden soll und wer das für dich macht. Nachfolgende Richtwerte solltest du bei der Kosten-kalkulation für deine Veranstaltung berücksichtigen:

**Finger-Food:** Künstler und Personal mit Finger-Food zu versorgen kann eine kostengünstige Variante sein. Du solltest hier von 1,50 € bis 2,50 € pro Stück ausgehen und pro zu versorgende Person mit 20 € bis 30 € kalkulieren. Wenn du das Catering selbst oder durch Freunde und nicht von einem professionellen Caterer herstellen lässt, kannst du sicher viel Geld sparen. Unterschätze dabei aber nicht den zeitlichen Aufwand und bedenke, dass hier tatsächlich das Auge mitisst, du also auch die entsprechenden Utensilien für ein ansprechendes Buffet benötigst. Außerdem unterliegen auch Hobby-Köche hygienischen Standards.

**Kaltes Buffet:** Mit dieser Art des Caterings bist du ebenfalls sehr flexibel und kannst die Breite gesunder Lebensmittel anbieten oder aber gezielt auf bestimmte, dir aus dem Catering-Rider der Band bekannte Unverträglichkeiten einzelner Personen reagieren. Du solltest hier mit 10 € bis 25 € pro Person kalkulieren. Die Selbstherstellung stellt hier sicher die geringsten Anforderungen, aber Zeit zur Beschaffung und Vorbereitung einer ansprechenden Speisen-Präsentation fällt natürlich auch hier an und sollte nicht unterschätzt werden.

**Kalt-Warm-Buffet:** Hier ergänzt du dein kaltes Buffet mit einer zusätzlichen warmen Hauptspeise. Die Kosten solltest du mit 15 € bis 30 € pro Person planen. Wenn du keinen ambitionierten und begabten Koch in deinem Freundeskreis hast, solltest du bei warmen Speisen besser von DIY-Aktivitäten absehen. Der Herstellungsaufwand einerseits und andererseits die für ein warmes Buffet benötigten Chafing-Dishes, nebst Tellern usw., müsstest du dann auch noch selbst zur Verfügung stellen. Aber eigentlich solltest du dich auf den reibungslosen Ablauf deiner Konzert-Veranstaltung konzentrieren und dich nicht um das Buffet kümmern müssen.

## 4.5 Übernachtungskosten

Jeder Mensch und ganz besonders Reisende sehnen sich nach langen und anstrengenden Tagen nach ihrem eigenen Bett.

Diesen Wunsch kannst du deinen Künstlern sicher nicht erfüllen, aber du kannst versuchen eine dem eigenen Bett möglichst nahekommende Unterkunft zu buchen. Auch die Wahl der richtigen Unterkunft bietet eine gute Gelegenheit, bei den Künstlern zusätzlich zu punkten und damit eine Grundlage für die nächste Terminanfrage durch das Management der Band zu legen.

Mache es dir nicht einfach und buche nicht das nächstgelegene, möglichst billige Hotel ungeprüft übers Internet.

- Versetze dich in die Lage des Künstlers, der sich auf dich bei der Wahl seines Nachtlagers verlassen muss und nehme das Etablissement unbedingt selbst in Augenschein, bevor du eine Buchung auslöst
- Vergewissere dich, dass es sauber ist und der Künstler von freundlichem Personal empfangen wird
- Ist der Künstler Fremdsprachler, achte darauf, dass er in der Unterkunft einen Ansprechpartner hat, mit dem er sich verständigen kann

Wie schon die Spritkosten, sind auch die Kosten für Hotelübernachtungen seit 2022 deutlich gestiegen. Allerdings haben die Übernachtungspreise auch einen sehr starken regionalen Bezug. In Berlin, Hamburg oder München dürfte eine Hotelübernachtung in ansprechender Qualität kaum noch für 80 € im Einzelzimmer möglich sein. In Rostock, Magdeburg oder Northeim muss man dafür nicht so tief in die Tasche greifen.

Hier hilft nur eines:

Checke im Umfeld deiner Location das Übernachtungsangebot. Es muss nicht immer das beste Hotel am Platz sein. Eine gemütliche, privat

> geführte Pension ist oft die bessere Wahl und
> meist preisgünstiger zu buchen.
>
> Führst du häufiger oder regelmäßig Veranstaltungen durch, solltest du mit den Herbergen versuchen, einen Rahmenvertrag zu vereinbaren, der dir für einen bestimmten Zeitraum stabile Übernachtungskonditionen sichert.

## 4.6 Mietkosten

Die wenigsten Veranstalter sind gleichzeitig auch Besitzer eigener Venues und Veranstaltungstechnik, was sich schon aus dem für den Erwerb erforderlichen Budget erklärt. Abgesehen davon bietet eine Nutzung auf Mietbasis auch den großen Vorteil der Flexibilität. Nicht jede Location passt zu jeder Veranstaltung und die technischen Anforderungen an Licht-, Ton- und Veranstaltungstechnik hängen, ganz abgesehen von dem gerade in diesem Bereich besonders schnell voranschreitenden technischen Fortschritt, in erster Linie von den jeweiligen Erfordernissen der geplanten Veranstaltung ab.

Miete ermöglicht dir also einerseits technisch immer up to date zu sein und in der Wahl deiner Location frei und ungebunden entscheiden zu können. Andererseits belastest du dich nicht mit großen Investitionen und Krediten, denn die Mietkosten finanzierst du aus den Einnahmen deiner erfolgreichen Live-Veranstaltungen.

### 4.6.1 Location

Auf die Bedeutung der für dein Live-Konzert richtigen Location sind wir bereits in Punkt 3.6. sehr ausführlich eingegangen. Die Mietkosten sind auch hier in den letzten Jahren vielfach deutlich gestiegen und hängen sehr stark von der Größe und Ausstattung des jeweiligen Veranstaltungsortes ab. Aber auch die Region, in der sich die Location befindet, ist maßgebend bei der Gestaltung der Mietpreise.

Für einen Saal mit einer Platzkapazität bis max. 300 Steh-plätzen, kannst du aber mit zu erwartenden Mietkosten von ca.

500 € bis 700 € pro Tag bei einer ersten Grobkalkulation planen. Sollen es Sitzplätze sein, berechnen viele Vermieter zusätzliche Kosten für jeden bereitgestellten Stuhl.

 Wenn du bei deinem Event mit einem Verleiher für Veranstaltungstechnik zusammenarbeitest, solltest du unbedingt checken, ob er dir vielleicht ein günstigeres Angebot für die Bereitstellung der Konzert-Stühle machen kann.

## 4.6.2 Technik

Auch die Kosten für die benötigte Licht- und Tontechnik unterliegt großen regional bedingten Unterschieden und hängt natürlich sehr stark davon ab, in welchem Umfang und welcher Größe und Qualität du Technik leihen willst und ob du die Technik mit oder ohne Bedienpersonal buchst.

 Bei der Beauftragung eines Dienstleisters spielen die Kosten für die Ausleihe sicher eine wesentliche, aber nicht die einzig entscheidende Rolle.

- Ist die Firma zuverlässig und kompetent und hat sie einen entsprechend guten Ruf?
- Hat die Firma die Technik, die du für deine Veranstaltung benötigst, verfügbar?

Um dir ein Gefühl für das Verhältnis von Preis und Leistung bei der Ausleihe von Technik zu verschaffen, solltest du zumindest bei deinen ersten Leihgeschäften unbedingt Angebote mehrerer Anbieter vergleichen, bevor du einen Auftrag erteilst. Hast du dann nach einigen Veranstaltungen den Verleiher deines Vertrauens gefunden, erleichtert es dir deinen Job, wenn du ihm treu bleibst, ohne aber auf gelegentliche Angebotsvergleiche zu verzichten.

Als groben Richtwert kannst du hier ca. 700 € Tagesmiete für eine einfache Licht- und Tonanlage zur Beschallung eines kleinen Saales für max. 300 Besucher bei einer ersten Ergebniskalkulation berücksichtigen.

Benötigst du zusätzlich noch Ton- und Lichttechniker, soll-test du das Honorar nicht unter 300 € pro Techniker kalkulieren.

Techniker, die nicht vom Verleiher der Ton- und Lichttechnik gestellt werden, verfügen vielfach auch über eigenes Equipment – Mischpult, Licht-pult, Kabel, Mikrofone usw. und stellen dir das häufig zu einem günstigeren Preis, oft auch inte-griert in ihre Honorarforderung, zur Verfügung. Das solltest du prüfen, bevor du einen Leihvertrag mit einer Verleihfirma unterschreibst.

## 4.7 Steuern und Abgaben

Öffentliche Veranstaltungen unterliegen in Deutschland unter-schiedlichen Melde-, Steuer- und Abgabenpflichten. Dabei gilt eine Veranstaltung als öffentlich, wenn dazu öffentlich (z.B. Facebook, Flyer, Plakate) eingeladen wird und sobald Gäste diese Veranstaltung besuchen, die sich weder untereinander kennen noch selbst Veranstalter sind.

Soweit die Definition. In den nächsten Punkten beschäftigen wir uns damit, welche Aufgaben und Kosten sich für dich als Veranstalter eines öffentlichen Live-Konzerts daraus ergeben.

### 4.7.1 Mehrwertsteuer

Allgemein gelten in Deutschland drei Steuersätze: 19, sieben und null Prozent. Nach § 12 Abs. 2 Nr. 7 a UstG beträgt der Regelsteuersatz 19 Prozent. Ob von diesem Steuersatz abge-wichen werden kann, hängt davon ab, ob die zu versteuernde Leistung einer Ausnahmeregelung für sieben oder null Prozent unterliegt.

Die einzige Möglichkeit, von der Mehrwertsteuerpflicht abzu-weichen, ist die Inanspruchnahme der Kleinunternehmerregel. Dies setzt aber voraus, dass du im laufenden Geschäftsjahr nicht mehr als 25.000 € Umsatz (Stand 2025) als Veranstalter erzielst und führt automatisch dazu, dass du dich andererseits der Möglichkeit beraubst, Vorsteuer für in Anspruch genom-mene Leistungen oder gekaufte Waren, geltend zu machen.

Zur Durchführung deiner Veranstaltungen wirst du auch Rechnungen für Mieten oder Dienstleistungen erhalten, auf denen die Rechnungsteller die Mehrwertsteuer ausweisen. Nur wenn du selbst der MwSt.-Pflicht unterliegst, kannst du diese Vorsteuer von deinen Veranstaltungskosten abziehen und dir über eine Umsatzsteuererklärung vom Finanzamt zurückholen. In deiner Kalkulation kannst du dann mit Nettobeträgen rechnen.

Im Gegenzug bist du dann aber auch verpflichtet, auf den von dir ausgestellten Rechnungen, z.B. für Tickets oder von dir erbrachten Dienstleistungen, z.B. Vermittlungsprovisionen, MwSt. auszuweisen und deinen Gewinn zu versteuern. Das Finanzamt ist sowohl für Umsatz- wie auch die Ertragssteuer zuständig.

Melde dich deshalb bei dem für dich zuständigen Finanzamt und erläutere dort dein Vorhaben, zukünftig auf haupt- oder nebenberuflicher Basis, öffentliche Veranstaltungen organisieren und als Veranstalter selbst durchführen zu wollen.

Erkläre deinen Verzicht auf die Nutzung der Kleinunternehmerregel, auch wenn du noch nicht mit Sicherheit sagen kannst, dass du bereits im ersten Geschäftsjahr die Umsatzgrenze von 25.000 € überschreiten wirst. Beachte aber, dass diese Erklärung dann für die folgenden fünf Geschäftsjahre gilt und du verpflichtet bist, eine jährliche Umsatzsteuererklärung abzugeben, selbst wenn du nicht mehr Veranstalter bist.

Nach § 12 Abs. 2 Nr. 7 a UStG sind Eintrittsberechtigungen, also auch deine Konzert-Tickets, mit sieben Prozent MwSt. belegt und diese Steuereinnahmen sind an das für dich als Veranstalter zuständige Finanzamt abzuführen.

Nach § 4 Nr. 20 a UstG gilt hier nur für Einrichtungen des Bundes, der Länder, Gemeinden oder Gemeindeverbände, wie Theater, Museen usw. der Umsatzsteuersatz von null Prozent.

Vorsicht ist geboten, wenn es sich bei deiner Veranstaltung nicht um ein reines Live-Konzert handelt und du zum Beispiel Tickets für eine Dinner-Show, also eine aus gastronomischen und künstlerischen Leistungen kombinierte Veranstaltung planst. Hier hängt es davon ab, welcher der beiden Veranstaltungsbestandteile der bestimmende ist, ob du von dem auf 7% reduzierten Steuersatz beim Verkauf deiner Tickets Gebrauch machen kannst, oder doch der Regelsteuersatz (19%) anzusetzen ist.

Wenn du dir unsicher bist, ist in solchen Fällen eine rechtzeitige Rücksprache mit einem Steuerberater oder deinem Finanzamt angeraten.

## 4.7.2 GEMA- und GVL-Gebühren

Die GEMA, kurz für Gesellschaft für musikalische Aufführungs- und mechanische Vervielfältigungsrechte, fungiert als eine Art Schutzpatron der Musiker, Songschreiber und Komponisten, indem sie darauf achtet, dass diese für die Nutzung ihrer Werke entlohnt werden. Hier geht es nicht etwa um die Überwachung der an die live arbeitenden Künstler zu zahlenden Gagen. Nein, die GEMA sorgt als Verwertungsgesellschaft für die Vergütung der urheberrechtlich geschützten Musikwerke und verfolgt die öffentliche Nutzung dieser Werke über ein Partnernetzwerk weltweit.

Um die Dienste der GEMA für sich als Künstler nutzen zu können, und Tantiemen aus öffentlichen Aufführungen seiner eigenen Musikwerke ziehen zu können, muss der Künstler seine Musikwerke bei der GEMA zunächst selbst anmelden.

Damit erscheinen diese, dann angemeldeten Musikwerke, in der GEMA-Datenbank. Bei jeder öffentlichen Aufführung dieser Werke entsteht für Veranstalter, Radio- und Fernsehsender, Streamingdienste sowie Plattenfirmen und selbst für ein GEMA-geschützte Musik nutzendes Fitnessstudio, die Verpflichtung, die Aufführung zu melden und die sich aus unterschiedlichen Tarifen ergebenden GEMA-Gebühren zu zahlen.

Das alles macht für einen Künstler eigentlich immer nur dann Sinn, wenn er tatsächlich damit rechnen kann, dass seine Werke von Dritten öffentlich aufgeführt werden und nicht ausschließlich nur durch ihn selbst bzw. nur bei Privatfeten gespielt werden. Er erhält dann zwar nach einem von der GEMA festgelegten Verteilungsschlüssel für jede öffentliche Nutzung Tantiemen, die stellen aber immer nur einen Teil, der von den Veranstaltern oder Radiostationen an die GEMA abgeführten Gebühren dar. Schließlich muss aus den eingenommenen Gebühren auch die Dienstleistung der GEMA bezahlt werden.

Viele junge Künstler verstehen dieses Prinzip nicht und verbinden die GEMA-Anmeldung ihrer eigenen Werke gerne mit der Hoffnung, sich einerseits vor fremden Nutznießern zu schützen, andererseits sehen sie in der Vertretung durch die GEMA fälschlicherweise auch eine Art Gütesiegel für ihre Musikstücke. Dabei vergessen sie leider oft, dass die Veranstalter auch dann GEMA-Gebühren zahlen, wenn die Künstler ausschließlich ihre eigenen, bei der Gesellschaft angemeldeten Werke während eines Live-Konzerts aufführen und die Künstler nur einen Bruchteil der von den Veranstaltern gezahlten Gebühren von der GEMA später wieder ausgezahlt bekommen.

So wären gerade junge, am Beginn ihrer Kariere stehende Künstler und Bands oft besser beraten, auf eine GEMA-Anmeldung ihrer Werke zunächst zu verzichten, um damit für einen Veranstalter finanziell interessanter zu sein und mehr Auftritts-Chancen zu haben. Im günstigsten Fall zahlt ihnen der Veranstalter dann sogar etwas mehr Gage, wenn er für ihren dann GEMA-freien Live-Auftritt keine GEMA-Gebühren abführen muss.

 Wenn du als Veranstalter bei deinem öffentlichen Konzert Musik – egal ob live oder aus der Konserve – nutzt, bist du verpflichtet diese Veranstaltung bei der GEMA rechtzeitig vor dem Veranstaltungstermin anzumelden. Die Anmeldepflicht umfasst öffentliche Konzerte, Festivals, aber auch DJ-Partys und ist unabhängig davon, ob es

> während der Veranstaltung zur Aufführung GEMA-
> geschützter oder ausschließlich GEMA-freier
> Werke kommt, Eintrittsgelder erhoben werden,
> oder nicht.

Aus Sicht des Veranstalters steigen durch Aufführung eines GEMA geschützten Werkes während einer Veranstaltung in erster Linie die Veranstaltungskosten. Der gebuchte Live-Act verteuert sich dadurch zwangsläufig um die vom jeweiligen Gebühren-Tarif und der Höhe der Ticket-Einnahmen abhängige GEMA-Gebühr.

> Um deine Veranstaltung über das GEMA-Online-
> portal anmelden zu können, musst du zunächst
> ein GEMA-Kundenkonto beantragen und dich
> selbst als Musiknutzer bei der Gesellschaft anmel-
> den. Auch hier ist der digitale Weg zur Anmel-
> dung über das Onlineportal der einfachste und
> schnellste.
>
> In den Anlagen, die du zu diesem Buch erwerben
> kannst, erkläre ich dir in kurzen Videos die GEMA-
> Anmeldeprozesse.

Bei der Anmeldung der Veranstaltung wirst du nach der Art deiner Veranstaltung, der Location und der dort potenziell zugelassenen Besucherzahl, sowie nach den von dir veranschlagten Ticket-Preisen gefragt. Aus diesen Daten ergibt sich in Verbindung mit dem jeweiligen GEMA-Tarif die maximal für die Veranstaltung zu zahlende GEMA-Gebühr.

> Meldest du deine Veranstaltung bei der GEMA
> nicht rechtzeitig an oder verzichtest ganz darauf
> und wird deine Veranstaltung von einem GEMA-
> Prüfer besucht oder erfährt die Gesellschaft über
> andere Wege, wie z.B. deine Werbekampagnen,
> von deiner öffentlichen Musiknutzung, musst du
> mit empfindlichen Strafen rechnen.

Beruhigend und gut zu wissen ist, dass du nach der Veranstaltung die GEMA-Setlist der tatsächlich live aufgeführten

Musikwerke und den tatsächlich realisierten Ticket-Erlös bis spätestens sechs Wochen nach der Veranstaltung nachmelden kannst.

 Verzichtest du auf diese Nachmeldung, berechnet dir die Gesellschaft den sich aus deiner Veranstaltungsanmeldung ergebenden maximalen Gebührensatz.

Reichst du keine Setlist ein, erhöht sich die tarifliche GEMA-Vergütung automatisch um 10%.

Stellt sich bei der Nachmeldung heraus, dass während deiner Veranstaltung ausschließlich Musikwerke aufgeführt wurden, die nicht bei der GEMA oder einer ihrer internationalen Partnerorganisationen angemeldet wurden, zahlst du auch keine Gebühren.

 Bedenke aber bei Einreichung der Setlist, dass ein einziges GEMA-pflichtiges Musikwerk automatisch dazu führt, dass das gesamte Konzert GEMA-pflichtig wird.

Wurde deine Veranstaltung nicht ausverkauft, kamen also weniger zahlende Besucher zum Konzert, als die Location zugelassen hätte, bzw. du bei Anmeldung der Gesellschaft mitgeteilt hast, reduziert sich die GEMA-Gebühr entsprechend.

 Vergiss nach deiner Veranstaltung im Zusammenhang mit der GEMA zwei Dinge nie:

- Lasse dir spätestens direkt nach dem Konzert, aber unbedingt vor der Auszahlung der Gage, die von den Künstlern ausgestellte und unterschriebene GEMA-Titelliste aushändigen
- Gib der GEMA immer zeitnah, bis spätestens sechs Wochen nach deiner Veranstaltung Aufschluss darüber, wie viel Einnahmen du über den Ticketverkauf tatsächlich erzielt hast und reiche die GEMA-Titelliste für deine Veranstaltung ein.

Es ist nicht unüblich, dass vor einem Live-Konzert und in den Pausen Musik aus der Konserve läuft, um das Publikum im Flow zu halten. Auch das wird im Rahmen der GEMA-Anmeldung deiner Konzert-Veranstaltung abgefragt, da sich daraus die ebenfalls an die GEMA abzuführende GVL-Gebühr (Gesellschaft zur Verwertung von Leistungsschutz-rechten mbH) ergibt. Die Höhe dieser Gebühr ergibt sich auf Basis der Höhe der GEMA-Gebühr.

Damit stellt sich die Frage, wie hoch diese GVL-Gebühr ausfällt, wenn dein Live-Act ausschließlich GEMA-freie Musikstücke aufführt, du aber Pausenmusik nutzt. In dem Fall berechnet sich die GVL-Gebühr auf Grundlage der als Mindestsatz geltenden Pauschalvergütung der Veranstaltung, die sich aus dem jeweiligen GEMA-Tarif ergibt.

Die GEMA hat mit verschiedenen Vereinen und Berufsverbänden Rahmenverträge abgeschlossen und listet diese auf ihrer Website auf.

Wenn du regelmäßig Live-Konzerte veranstaltest, solltest du dich hier unbedingt informieren und prüfen, ob du die Rahmenvereinbarung einer dieser Partnerorganisationen durch eine Mitgliedschaft nutzen und so Kosten sparen kannst.

**Breaking News:** Gemeinnützige, mildtätige und kirchliche Vereine werden seit September 2024 in Niedersachsen durch das Land in Bezug auf für ihre Veranstaltungen anfallende GEMA-Gebühren finanziell entlastet. Das Land übernimmt für diese Vereine jährlich für bis zu vier GEMA-pflichtige Veranstaltungen die GEMA-Gebühr.

Auch in Bayern und Thüringen wurden bereits entsprechende Rahmenverträge auf Landesebene mit der GEMA abgeschlossen.

### 4.7.3 Künstlersozialkasse

Beauftragst du als in Deutschland ansässiger bzw. agierender Veranstalter die Erbringung einer künstlerischen oder publizistischen Leistung, wie du das z.B. mit der Verpflichtung einer Band oder der Beauftragung eines freischaffenden Grafikers tust, der dir deine Veranstaltungsplakate entwirft, bist du zu einer entsprechenden Sozialversicherungsabgabe an die Künstlersozialkasse (KSK) in Deutschland verpflichtet.

Aber warum eigentlich? Die KSK ist eine soziale Einrichtung in Deutschland, die dafür sorgt, dass freischaffende Künstler und Publizisten in der Sozialversicherung ähnlich abgesichert sind wie Angestellte. Dazu müssen dann, wie bei Festangestellten beide Seiten beitragen – du als Veranstalter bist dabei der Arbeitgeber. Als Veranstalter trägst du damit zur Kranken-, Pflege- und Rentenversicherung der Künstler bei, wenn du ihre Dienste in Anspruch nimmst und die auf diese Dienste erhobene Künstlersozialabgabe ordnungsgemäß abführst. Das gilt aber nur für die Honorare für künstlerische Leistungen – andere Vergütungen, wie zum Beispiel die Erstattung der Fahrtkosten für die Künstler fallen nicht unter die KSK-Abgabepflicht.

 Du musst dich als Veranstalter dazu bei der Künstlersozialkasse zunächst anmelden, und zwar bevor du deine erste Veranstaltung, bei der Künstler auftreten, durchführst. Die Anmeldung erfolgt über das offizielle Formular der KSK-Website. Hier gibst du deine Daten an und beschreibst die Art deiner Tätigkeit.

Bezüglich der Fristen zur Abführung der auf die ausgezahlten Honorare fälligen Künstlersozialabgabe ist vor allem das Ende eines Kalenderjahres wichtig.

 Bis zum 31. März des Folgejahres musst du eine Meldung, über die im Vorjahr an selbstständige Künstler und Publizisten gezahlten Entgelte bei der KSK einreichen.

Die KSK sendet dir dazu Anfang des Folgejahres einen Meldebogen zu. Um die Meldung vorrangig online abgeben zu können, erhältst Du dazu

| | automatisch auch einen Authentifizierungscode auf dem Postweg. |
|---|---|

Auf Basis dieser Meldung wird dann deine individuelle Abgabenhöhe für das vergangene Jahr festgesetzt.

 Beträgt die Summe der jährlichen Abgabe laut Beitragsbescheid mindestens 480 € für das Vorjahr, musst du für das Folgejahr mit einer Verpflichtung zur monatlichen Vorauszahlung der KSK-Beiträge rechnen.

Sollte dieser Fall eintreten, musst du das bei deiner Liquiditätsplanung unbedingt berücksichtigen, denn die Verpflichtung zur Beitragsvorauszahlung besteht dann für das Folgejahr unabhängig davon, ob du weitere Konzerte veranstaltest, oder den jährlichen Grenzwert von 480 € auch im Folgejahr überschreitest.

 Zu beachten ist außerdem, dass die Beiträge zur Künstlersozialabgabe auch für diejenigen Künstler erhoben werden, die ihren ständigen Arbeits- und Wohnsitz nicht in Deutschland haben.

In diesem Fall wird die abzuführende Künstlersozialabgabe nicht nur auf das an den im Ausland wohnhaften Künstler ausgezahlte Honorar, sondern unter Hinzuziehung der von seinem Honorar einbehaltenen Ausländersteuer nach § 50a EstG, berechnet.

Auch ist es unerheblich, ob der deutsche oder in Deutschland lebende Künstler selbst KSK-Mitglied ist oder nicht.

Wichtig ist auch, dass die KSK-Abgabe vertraglich nicht von dem an den Künstler auszuzahlenden Honorar abgezogen werden darf.

Seit dem 01. Januar 2025 wurde die Künstlersozialkasse in das Verbundsystem der Deutschen Rentenversicherung Knappschaft-Bahn-See, kurz: KBS integriert. Allerdings ist die

Künstlersozialkasse nach wie vor nur die Einzugsstelle für das Künstlersozialversicherungsgesetz (KSVG) und daher kein Leistungsträger wie z. B. die knapp 100 verschiedenen gesetzlichen Krankenkassen in Deutschland. Die Abführung der Abgabe durch den Verwerter einer künstlerischen Leistung, wie es auch der Veranstalter eines öffentlichen Konzerts ist, begründet keine Leistungsansprüche – weder des Künstlers noch des Veranstalters.

 Im Klartext heißt das: Aus den auf künstlerische oder publizistische Honorare abgeführten Sozialabgaben erwachsen keine Leistungsansprüche der Künstler und Publizisten oder des Veranstalters – etwa auf Krankengeld oder Rentenanteile. Um seine soziale Absicherung müssen sich sowohl der inländische als auch ausländische Künstler und du als Veranstalter selbst kümmern.

Es ist enorm wichtig, dass du dich als Veranstalter hier genau an die Regeln hältst. Denn wird bei einer möglichen Prüfung deiner Buchhaltung festgestellt, dass fällige Abgaben nicht geleistet wurden, drohen dir nicht nur Beitragsnachzahlungen, sondern auch eine Geldbuße bis 50.000 €.

 Also besser gleich alles korrekt abwickeln – das ist nicht nur im Sinne des Gesetzes, sondern unterstützt auch die kreative Szene, die uns so viel gibt.

### 4.7.4 Veranstalterhaftpflicht

Die Veranstaltungs- oder Veranstalter-Haftpflichtversicherung ist für dich als Veranstalter eines öffentlichen Konzerts kein Luxus. Es ist vielmehr eine essenzielle Investition in deine Absicherung und das Risikomanagement deines Events. Sie schützt dich vor finanziellen Forderungen, die als Folge verschiedener Risiken im Zusammenhang mit deiner Veranstaltung bestehen und eintreten können. Folgende Risiken solltest du beim Abschluss einer Police beachten:

**Personenschäden:** Sie sind das größte Risiko bei öffentlichen Veranstaltungen. Wenn Besucher, Künstler oder Personal durch Unfälle während des Konzerts zu Schaden kommen – sei es durch Stürze, umstürzendes Equipment oder sonstige Gefahrenquellen –, können Schadensersatzforderungen auf dich als Veranstalter zukommen. Eine Veranstaltungshaftpflichtversicherung deckt solche Ansprüche und rettet dich in solchen Fällen vor enormen finanziellen Belastungen.

**Sachschäden:** Ausrüstung kann beschädigt werden, die Infrastruktur der Veranstaltungsorte kann beeinträchtigt werden – und wieder bist du es, der Veranstalter, der für den entstandenen Schaden aufkommen muss. Eine entsprechende Versicherung kann die Kosten für erforderliche Reparaturen oder den Ersatz decken.

**Veranstaltungsausfall:** Extreme Wetterbedingungen, Krankheit des Haupt-Acts oder technische Defekte können dazu führen, dass ein Konzert kurzfristig abgesagt werden muss. Die daraus resultierenden Kosten, wie Rückerstattungen der Ticket-Preise oder Ausfallhonorare, kannst du ebenfalls mit Abschluss einer Veranstalter-Haftpflichtversicherung decken.

**Vermögensschäden:** Hierbei geht es um Schäden, die nicht direkt physischer Natur sind, wie beispielsweise Urheberrechtsverletzungen oder fehlerhafte Werbung, die rechtliche Konsequenzen nach sich ziehen können. Auch dabei hilft dir eine Veranstalterhaftpflicht-Versicherung, einen möglichen finanziellen Schaden von dir abzuwenden.

**Drittschäden:** Nicht zu vergessen ist, dass bei Konzerten auch Risiken, wie etwa bei Klagen wegen Lärmbelästigung, bestehen. Die Haftpflichtversicherung kann auch hier eine Deckung bieten und dich als Veranstalter vor Ansprüchen Dritter schützen.

Die Notwendigkeit einer Haftpflichtversicherung für öffentliche Veranstaltungen resultiert unmittelbar aus der potenziellen Haftung des Veranstalters für die genannten Risiken. Eine

Veranstalter-Haftpflichtversicherung stellt sicher, dass im Falle eines Anspruchs nicht deine Existenz als Veranstalter durch die finanziellen Folgen gefährdet wird.

Letzten Endes ist ein solider Versicherungsschutz ein wichtiger Baustein, um ein Konzert für alle Beteiligten nicht nur zu einem kulturellen, sondern auch zu einem finanziell sicheren Ereignis zu machen.

Verschiedene Versicherungsgesellschaften bieten entsprechende Veranstalter-Haftpflicht-Policen an. Oft findest du Angebote pauschaler Verträge, die du über einen bestimmten Zeitraum abschließen kannst. Es gibt aber auch Angebote zur Versicherung einzelner Events. Eine Angebotsauswahl mit Tarifrechner findest du in den zusätzlichen Anlagen, die du in meinem Webshop erwerben kannst.

## 4.7.5 Veranstaltungsanmeldung

In einigen Bundesländern unterliegen öffentliche Veranstaltungen einer gesetzlichen Anmeldepflicht und das unabhängig davon, ob es während der Veranstaltung zu Alkoholausschank kommt oder nicht.

Die Anmeldepflicht zur Genehmigung öffentlicher Veranstaltungen ist in den Bundesländern und Kommunen sehr unterschiedlich geregelt.

Informiere dich frühzeitig auch über ggf. geltende Anmeldefristen und wende dich rechtzeitig an das für deinen Veranstaltungsort zuständige Ordnungsamt, Bürgermeisteramt oder die zuständige Baurechtsbehörde.

Warum aber ein öffentliches Konzert anmelden? Die örtliche Genehmigungsbehörde will sicher sein, dass mit deiner Veranstaltung ggf. verbundene Risiken sowohl für die Veranstaltungsbesucher und deine Mitarbeiter, aber auch für Anwohner und umliegende Verkehrswege ausgeschlossen sind. Aus diesem Grund musst du die Durchführung deiner Veranstaltung den örtlichen Behörden anzeigen und in einigen Fällen ausdrücklich genehmigen lassen. Um dir Nachfragen des Amtes zu ersparen, sollte deine Veranstaltungsanmeldung folgende Informationen enthalten:

**Veranstaltungsart:** Handelt es sich z.B. um ein Rock-Konzert, ein Kirchenkonzert, eine Lesung, die Aufführung eines Theaterstücks oder um eine Kleinkunstdarbietung

**Veranstaltungsdauer:** Informiere über das Veranstaltungsdatum und den vollständigen zeitlichen Ablauf deiner Veranstaltung.

**Veranstaltungsgröße:** Wie viele Besucher erwartest du zu deiner Veranstaltung?

Auf Basis dieser Informationen stellt dir die Behörde in der Regel ohne weitere Nachfragen eine entsprechende Durchführungsgenehmigung schriftlich aus. Darin ist Folgendes geregelt:

**Ort, Location und Art** der genehmigten Veranstaltung

**Zeitraum**, in dem die Genehmigung gilt

 Einige Behörden erheben für die Genehmigungserteilung Gebühren. Du solltest dann Genehmigungskosten von bis zu 50 € je Veranstaltung erwarten.

## 4.7.6 Schankgenehmigung

Wenn du bei deinem öffentlichen Konzert alkoholische Getränke ausschenken möchtest, kommst du um die Beantragung und den Erwerb einer zeitweiligen Schankgenehmigung nicht herum. Die Genehmigung ist essenziell, um rechtlich abgesichert zu sein und den Thekenbetrieb während deiner Veranstaltung gesetzeskonform durchführen zu können. Doch unter welchen Umständen benötigst du solch eine Genehmigung, und wie gehst du bei der Beantragung vor?

Eine Schankgenehmigung benötigst du immer dann, sobald Alkohol auf deinem Event verkauft oder ausgeschenkt wird. Das gilt sowohl für kleine Klubkonzerte als auch für große Open-Air-Festivals. Auch nicht-kommerzielle Veranstaltungen, wie öffentliche Vereinsfeste oder Benefiz-Veranstaltungen, können von der Genehmigungspflicht betroffen sein.

 Da die Beantragung einer Schankgenehmigung i.d.R. bei den gleichen Behörden erfolgt, denen du deine Veranstaltung angemeldet hast, solltest du diese gleichzeitig mit der Anmeldung deiner Veranstaltung beantragen.

Ergänze deine Veranstaltungsanmeldung um den Punkt:

**Getränkeausschank** - Ist vor, während oder nach dem Konzert eine gastronomische Versorgung deines Publikums vorgesehen? Welche Getränke (AFG, Bier, Wein, Spirituosen) sollen angeboten werden?

Die Behörden wollen mit der Beantragungspflicht bei den Anbietern das Verantwortungsbewusstsein beim Umgang mit Alkohol schärfen und damit den gesundheitlichen sowie öffentlichen Interessen dienen. Jugendliche unter einem bestimmten Alter dürfen beispielsweise kein Hochprozentiges konsumieren. Mit der Erteilung einer Schankgenehmigung soll sichergestellt werden, dass der Veranstalter diesbezüglich alle Vorschriften einhält.

Der rechtliche Rahmen in Deutschland ist je nach Bundesland etwas unterschiedlich gestaltet, folgt aber bestimmten Grundprinzipien. Für das Ausschenken von Alkohol benötigt man in den meisten Fällen eine Gaststättenerlaubnis nach § 2 GastG oder eine spezielle Ereignislizenz, die von den Genehmigungsbehörden oft als "Sondernutzungserlaubnis" oder „zeitweise Gaststättenerlaubnis" bezeichnet wird. Wer alkoholische Getränke verkaufen möchte, muss dem Ordnungsamt der entsprechenden Gemeinde seine Zuverlässigkeit und die Einhaltung aller gesetzlichen Anforderungen ggf. auch nachweisen.

Hier mein Tipp, wie du zur Beantragung einer Schankgenehmigung vorgehen solltest:

Prüfe die spezifischen Anforderungen der Gemeinde oder Stadt und des zuständigen Ordnungsamtes für deinen Veranstaltungsort. Informiere dich über die notwendigen Unterlagen, Nachweise und Fristen zur Anmeldung einer öffentlichen Veranstaltung

- Stelle alle erforderlichen Dokumente zusammen. Dazu können auch ein polizeiliches Führungszeugnis, Nachweise über eine erfolgte Belehrung nach dem Infektionsschutzgesetz und auch ein Hygiene- und Sicherheitskonzept gehören
- Reiche die Unterlagen bei der zuständigen Behörde rechtzeitig ein. Oft muss ein Antrag auf eine Konzession bzw. Gaststättenerlaubnis persönlich gestellt werden
- Plane genügend Zeit für das Genehmigungsverfahren ein. Es kann mehrere Wochen dauern, bis über den Antrag entschieden wird
- Berücksichtige mögliche Antragskosten und nimm sie in deine Kalkulation der Veranstaltung als Fix-Kosten auf

Einige Behörden erheben Antragsgebühren. Insbesondere die Ausstellung einer Schankgenehmigung ist davon fast immer betroffen.

Du solltest mit Antragskosten von 30 bis 50 € je Veranstaltung rechnen.

Abschließend sei gesagt, dass der Umgang mit Alkohol bei öffentlichen Veranstaltungen eine große Verantwortung darstellt. Die Schankgenehmigung dient als ein Instrument, um verantwortungsbewussten Alkoholkonsum zu gewährleisten und gesetzliche Vorschriften zu erfüllen. Eine gründliche Vorbereitung und frühzeitige Beantragung sind daher unentbehrlich, um dein Konzert in Verbindung mit dem Betrieb der Theke zu einem vollen Erfolg zu machen.

## 4.7.7 Vergnügungssteuer

Die deutsche Vergnügungssteuer ist eine kommunale Steuer, die auf Veranstaltungen erhoben wird, die der Unterhaltung dienen. Dies betrifft ein breites Spektrum an Events, angefangen von Konzerten und Filmvorführungen bis hin zu Tanzveranstaltungen und DJ-Partys. Die Steuer wird von den Kommunen autonom festgelegt, was bedeutet, dass die Bestimmungen zur Vergnügungssteuer örtlich variieren.

 Ob die von dir geplante Veranstaltung am Ort ihres Geschehens der Vergnügungssteuer unterliegt, solltest du unbedingt rechtzeitig mit den örtlichen Behörden klären, bei denen du deine Veranstaltung anmeldest.

Zur Prüfung der Vergnügungssteuerpflicht werden folgende Kriterien durch die Behörden herangezogen:

**Veranstaltungsart:** die Veranstaltung muss einen unterhaltenden Charakter haben, um vergnügungssteuerpflichtig zu werden

**Öffentlichkeit:** eine vergnügungssteuerpflichtige Veranstaltung muss grundsätzlich öffentlich sein, da Privatveranstaltungen weder der Anmeldepflicht noch der Vergnügungssteuer unterliegen

**Eintrittsentgelt:** kostenfrei zugängliche, öffentliche Veranstaltungen sind in den meisten Fällen von der Vergnügungssteuer befreit

Obwohl natürlich auch öffentliche Live-Konzerte einen unterhaltenden Charakter haben und in den meisten Fällen nicht eintrittsfrei besucht werden können, sind sie in vielen Städten und Kommunen von der Vergnügungssteuer befreit.

 Handelt es sich hingegen um eine Tanzveranstaltung mit Live-Band oder Musik aus der Konserve, erheben Städte und Kommunen dafür vielfach Vergnügungssteuer.

Achte bei der behördlichen Anmeldung deines Live-Konzertes unbedingt darauf, deine Veranstaltung richtig zu beschreiben und mache dabei deutlich, dass es sich nicht um eine Tanzveranstaltung, sondern um ein Live-Konzert handelt.

Liegt der inhaltliche Schwerpunkt auf dem Vortrag von Musik vor einer eigens zu diesem Zweck versammelten Hörerschaft, sollte die Einordnung deiner Veranstaltung als Konzert und damit die sichere Abgrenzung zu einer vergnügungssteuerpflichtigen Tanzveranstaltung kein Problem sein.

Auch andere kulturelle Ereignisse wie Theateraufführungen, die von gemeinnützigen Organisationen veranstaltet werden, sind fast immer dann steuerbefreit, wenn sie bestimmte soziale, kulturelle oder bildende Zwecke erfüllen. Die Basis zur Bemessung der Vergnügungssteuer ist häufig die Anzahl verkaufter Tickets und nur in Ausnahmefällen wird die Steuer auf die realisierten Eintrittsgelder bezogen.

Stellt die genehmigende Behörde fest, dass deine Veranstaltung vergnügungssteuerpflichtig ist, bist du als Veranstalter zur Einnahme und Abführung der Vergnügungssteuer verpflichtet und du solltest das unbedingt bei der Festlegung deiner Eintrittspreise berücksichtigen.

## 4.7.8 Ausländersteuer

Vorweg sei bemerkt, dass die Ausländersteuer nach § 50a Abs. 1 EstG keine Steuer, nur für ausländische Künstler, ist. Das ist ein weitverbreiteter Irrtum. In Deutschland hat derjenige Ausländersteuer zu entrichten, der unabhängig von seiner Staatszugehörigkeit, im Ausland wohnt und nur gelegentlich in Deutschland Einnahmen erzielt. Die Steuerpflicht entsteht außerdem auch unabhängig davon, ob es sich um einen Künstler oder Vertreter einer anderen Berufsgruppe handelt.

Diese Steuer basiert auf den Regelungen von Doppelbesteue-
rungsabkommen, die Deutschland mit einer Vielzahl von Staaten weltweit abgeschlossen hat. Mit Hilfe dieser Abkommen
wird vermieden, dass ein Steuerpflichtiger sowohl bei uns im
Land, in dem er gelegentlich ein steuerpflichtiges Einkommen
zum Beispiel durch bezahlte Konzert-Auftritte erzielt und in
dem Land, in dem er ansässig ist, wegen der gleichen Einkünfte ebenfalls und dann doppelt besteuert wird.

 Im Fall von in Deutschland tätigen und nicht in
Deutschland sesshaften Künstlern sind die Veranstalter verpflichtet, den betreffenden Künstlern
das vereinbarte Nettohonorar, d.h. das Honorar
nach Abzug der darauf entfallenden Ausländersteuer, auszuzahlen und den so einbehaltenen
Steuerbetrag zum Quartalsende, in dem die Veranstaltung stattfand, an das Bundeszentralamt für
Steuern (BZSt) abzuführen.

Die Ausländersteuer setzt sich aus zwei Anteilen zusammen.
Ein Teil ist der Einkommenssteuer (Est) zuzurechnen und ein
zweiter Teil dem noch immer von deutschen Finanzämtern
einbehaltenen Solidaritätszuschlag (SoliZ). Insofern kann man
sagen, dass die Ausländersteuer, der üblichen Einkommenssteuer entspricht, die jeder deutsche Steuerzahler auf sein er-
zieltes Einkommen zu entrichten hat. Allerdings unterscheidet
sich die Ausländersteuer dadurch von der hiesigen Einkommenssteuer, dass der Steuersatz ein fester Prozent-Wert ist
und sich nicht in Abhängigkeit der zu versteuernden Einkom-
menshöhe verändert.

Das lässt eigentlich hoffen, dass die Berechnung der an das
BZSt abzuführenden Steuerbeträge sehr einfach ist.

Dem ist aber leider nicht so, denn die Berechnungsmethode
zur Ermittlung der Steuer unterscheidet sich je nachdem, ob
sich die Vertragsparteien auf eine Netto- oder Bruttovergütung
beim Honorar geeinigt haben. Im Falle einer vereinbarten Nettovergütung beträgt der Steuersatz 18,8 Prozent, während er

bei Vereinbarung einer Bruttovergütung nur 15,825 Prozent beträgt.

 Brutto und netto meinen hier nicht, ob der Betrag inkl. oder exkl. MwSt. angenommen wird. Gemeint ist hier, ob im angegebenen Betrag Ausländersteuer enthalten (brutto) oder bereits abgezogen (netto) ist.

Der Einfachheit halber und um nicht noch mehr Verwirrung zu stiften, wird im weiteren Text die Bezeichnung „ausländischer Künstler" benutzt. Gemeint ist damit ein Steuerpflichtiger, dessen Einkünfte der Ausländersteuer unterliegen.

Welche Berechnungsmethode die richtige ist, hängt also von der mit dem ausländischen Künstler vereinbarten Art des Honorars ab.

Bevor wir in die unterschiedlichen Berechnungsmodelle noch etwas tiefer einsteigen, noch eine gute Nachricht: Es gibt einen Freibetrag, der bis zu einem Nettohonorar von 250 € je ausländischen Künstler und Auftritt gilt.

Beispiel: Eine aus vier ausländischen Künstlern bestehende Band erhält für ein Konzert ein Gesamt-Honorar von 1.000 € ausgezahlt. Geteilt durch die vier Bandmitglieder ergibt sich damit pro Kopf der ausländischen Musiker ein Netto-Honorar von 250 € und damit in Höhe des Freibetrages. Demzufolge ist auf das Honorar keine Ausländersteuer abzuführen.

 Spielt dieselbe (vierköpfige) Band am selben Tag ein zweites Konzert und erhält auch dafür ein Gesamt-Honorar von 1.000 € ausgezahlt, ist auch auf dieses keine Ausländersteuer abzuführen, da dann auch für dieses am selben Tag gespielte zweite Konzert der Freibetrag von 250 € Netto-Honorar für jeden Künstler anzuwenden ist.

Aber zurück zu den unterschiedlichen Steuersätzen.

Die folgenden Rechenbeispiele zu den beiden unterschiedlichen Vereinbarungsmethoden sollen dir verdeutlichen, dass die Steuerlast unabhängig von den unterschiedlichen Prozentsätzen zur Berechnung der Ausländersteuer dennoch gleich ist. Der Grund dafür ist eine jeweils andere Bezugsgröße, die sich aus der Art der zugrundeliegenden Brutto- oder Nettovergütung ergibt.

(1) Beispielrechnung für Nettovergütung (18,80 %)

| Vereinbarte Nettovergütung / Auszahlungsbetrag | 10.000,00 € |
|---|---|
| 17,82% Est von Nettovergütung | +1.782,00 € |
| 0,98% SoliZ von Nettovergütung | +98,00 € |
| Entspricht einer Bruttovergütung von | 11.880,00 € |
| An das BZSt abzuführende Ausländersteuer | 1.880,00 € |

*Tabelle 1- Bsp. (1) Nettovergütung*

Aus Sicht des Künstlers ist eine Honorarvereinbarung als Nettovergütung die bessere Wahl, denn er bekommt das in bestimmter Höhe fest vereinbarte Honorar in voller Höhe ausgezahlt.

Die in Tabelle 1 genannten 10.000 € Künstler-/Nettohonorar, verursachen dem Veranstalter aber letztendlich Gesamthonorarkosten in Höhe der Bruttovergütung (11.880,00 €), da er die darauf mit 18,8 Prozent anfallende Ausländersteuer an das BZSt abführen muss.

Ein weiterer Vorteil dieser Berechnungsmethode besteht darin, dass das Thema der Ausländersteuer bei der Honoraraus-zahlung nicht angesprochen werden muss und unliebsame Diskussionen zwischen Veranstalter und Musikern, die in der Regel keine Profis für Steuerfragen sind, vermieden werden können.

Wenn du also mit einem der Ausländersteuer unterliegenden Künstler eine Gage als Fixum vereinbarst, vereinbare sie grundsätzlich auf Basis der Nettovergütung. Das erspart dir einerseits unnötige Diskussionen bei der Gagenabrechnung und andererseits kannst du die auf das Fixum anfallende Ausländersteuer als fixe Kosten problemlos in deine Veranstaltungskalkulation übernehmen.

(2) Beispielrechnung für Bruttovergütung (15,825 %)

| | |
|---|---|
| Vereinbarte Bruttovergütung | 10.000,00 € |
| 15% Est von Bruttovergütung | -1.500,0 € |
| 5,5% SoliZ von Est oder 0,8255% SoliZ von Bruttovergütung | -82,50 € |
| An den Künstler ausgezahltes Honorar (netto) | 8.417,50 € |
| An das BZSt abzuführende Ausländersteuer | 1.582,50 € |

*Tabelle 2 - Bsp. (2) Bruttovergütung*

Vereinbart der Veranstalter mit dem ausländischen Künstler eine Honorarzahlung auf Basis der Bruttovergütung, sind die Kosten der an das BZSt abzuführenden Ausländersteuer in dem so vereinbarten Honorarbetrag eingeschlossen und die abzuführende Ausländersteuer muss vom dem an den Künstler auszuzahlenden Honorar abgezogen werden.

Man kann sich gut vorstellen, welch große Augen ein Künstler bei der Honorarabrechnung nach dem Konzert macht und welches Konfliktpotential in dieser Honorarvereinbarung schlummert, wenn plötzlich nicht die im Vertrag als (Brutto-)Honorar ausgewiesenen 10.000,00 € zur Auszahlung kommen. Die meisten Künstler wittern in einer solchen Situation und in Unkenntnis der steuerlichen Situation vielleicht Betrug und es kann zu sehr unangenehmen Wortwechseln kommen.

Wie sagt man so schön – „Wer lesen kann ist klar im Vorteil" – aber das reicht nicht, wenn man nicht versteht, welche

steuerlichen Konsequenzen die Vereinbarung einer Brutto-
oder Nettovergütung nach sich ziehen.

Hier noch eine dritte Beispielrechnung, die verdeutlichen soll,
dass bei beiden Berechnungsvarianten trotz der unterschiedlichen Prozentsätze die Steuerlast tatsächlich in gleicher Höhe
entsteht. Man muss die Rechnung nur von der Seite der Gesamthonorarkosten betrachten, denn darin sind sowohl die
Kosten der Ausländersteuer als auch der an den ausländischen
Künstler ausgezahlte Honorar-Betrag enthalten.

(3) Beispielrechnung ausgehend von den identischen Bruttohonorarkosten aus Beispielrechnung (1)

| Bruttovergütung \| Wert aus (1) übernommen | 11.880,00 € |
|---|---|
| 15% Est von Bruttovergütung | -1.782,00 € |
| 5,5% SoliZ von Est oder 0,8255% SoliZ von Bruttovergütung | -98,00 € |
| An den Künstler ausgezahltes Honorar | 10.000 € |
| An das BZSt abzuführende Ausländersteuer | 1.880,00 € |

*Tabelle 3 - Bsp. (3) Vergleich der Steuersätze über Bruttohonorarkosten*

Beim Vergleich von Tabelle 1 und Tabelle 3 wird deutlich, dass
die Steuerlast, ganz gleich nach welcher Methode sie ermittelt
wird, zu einer identischen Steuerschuld in Höhe von 1.880,00
€ führt.

Bis hier sollte das alles noch recht einfach zu verstehen sein.
Leider wird es aber noch komplexer. In Punkt 4.1 wurde bereits darauf hingewiesen, dass die auf einer reinen Fix-Gage
beruhenden Honorarvereinbarungen in der Praxis eine deutlich untergeordnete Rolle spielen, da die Veranstaltungspraxis
von ganz oder teilweise erfolgsabhängigen und damit variablen Honorarvereinbarungen dominiert wird. Genau die lassen
die Berechnung der Ausländersteuer zum Teil sehr komplex
werden.

Nachfolgende Rechenbeispiele zeigen, worin der Unterschied besteht und weswegen die Berechnung an Komplexität zunimmt.

 Bei Prozent-Deals mit ausländischen Künstlern ist es wichtig zu vereinbaren, ob der Deal auf Basis einer Brutto- oder Nettovergütung eingegangen wird.

(A) Beispielrechnung für einen reinen 70/30-Deal der ein als Nettovergütung vereinbartes Honorar beinhaltet:

| Ticketgesamteinnahmen | 14.286,00 € |
|---|---|
| davon 70% Anteil Künstler als Nettovergütung (Das ist das ausgezahlte Künstlerhonorar) | -10.000,00 € |
| davon 30% Anteil für Veranstalter | +4.286,00 € |
| 17,82% Est von Nettovergütung | -1.762,00 € |
| 0,98% SoliZ von Nettovergütung | -82,50 € |
| Ergebnis für den Veranstalter | 2.441,50 € |

*Tabelle 4 - Bsp. (A) Netto-Honorar*

Da der Veranstalter mit diesem Prozent-Deal eine Vereinbarung auf Basis einer Nettovergütung eingegangen ist, muss er die Ausländersteuer nun aus seinem Einnahmenanteil (30 Prozent) bestreiten. Dem Veranstalter bleiben somit nach Abzug der Ausländersteuer bei dieser Art der Vereinbarung noch ganze 2.441,50 € zur Deckung aller anderen Veranstaltungskosten (z.B. GEMA, KSK, Personal, Miete ...). Sind die Veranstaltungskosten höher, gerät er mit dieser Veranstaltung in die Verlustzone.

(B) Rechenbeispiel für einen 70/30-Deal der ein als Bruttovergütung vereinbartes Honorar beinhaltet:

| Ticketgesamteinnahmen | 14.286,00 € |
|---|---|
| davon 70% Anteil Künstler als Bruttovergütung | 10.000,00 € |

| | |
|---|---|
| 15% Est von Bruttovergütung | -1.782,0 € |
| 5,5% SoliZ von Est oder 0,8255% SoliZ von Bruttovergütung | -98,00 |
| An den Künstler ausgezahltes Honorar (netto) | 8.417,50 € |
| Ergebnis für den Veranstalter (30% der Ticket-einnahmen) | 4.286,00 € |

*Tabelle 5 - Bsp. (B) Brutto-Honorar*

Durch die Honorarvereinbarung als Bruttovergütung reduziert sich das tatsächlich an den Künstler netto auszuzahlende Honorar um den Betrag der darauf entfallenden Ausländersteuer. Dem Veranstalter steht damit zur Deckung aller anderen Veranstaltungskosten (z.B. GEMA, KSK, Personal, Miete …) bei gleichen Ticket-Gesamteinnahmen wie in Tabelle 4 jetzt mit 4.286,00 € ein deutlich höheres Budget zur Verfügung, um diese Kosten zu decken und den ggf. angestrebten Gewinn aus dieser Veranstaltung ziehen zu können. Im Vergleich mit Tabelle 4 erhält der Künstler nun aber ein niedrigeres Honorar netto ausgezahlt.

Noch komplexer wird die Steuerberechnung, bei Vereinbarung eines bereits unter Punkt 4.2.2 besprochenen Kombi-Deals.

Der fixe Honoraranteil kann auch hier problemlos als Nettovergütung vereinbart und im Vertrag mit dem Künstler konkret als garantiert auszuzahlendes Honorar (Fixum) ausgewiesen werden.

 Bei den nachfolgenden Beispielrechnungen werden die Veranstaltungskosten, zur Ermittlung des Break-even-points (BEP) in einem in seiner Zusammensetzung hier nicht näher erläuterten €-Wert zusammengefasst. Sie sind damit an dieser Stelle in der genannten Höhe nicht unbedingt nachvollziehbar. In Bezug auf das Thema der Berechnung und Auswirkung der Ausländersteuer, ist diese Vereinfachung aber sinnvoll.

Hier zunächst die für die nachfolgenden Beispielrechnungen geltenden vertraglich vereinbarten Rahmenbedingungen

| Fixum (garantiert) | BEP | Überschussteilung |
|---|---|---|
| 5.000,00 € | 8.000,00 € | 70/30 |

*Tabelle 6 - vertragliche Vereinbarung*

> Nochmal zur Erinnerung. Der BEP ist bei der Gegenüberstellung aller Kosten und Einnahmen der Punkt, an dem beide Seiten ausgeglichen sind. Es entsteht für den Veranstalter also weder Gewinn noch Verlust.

Die erwähnte Komplexität ergibt sich aus der Frage, wie mit dem über dem BEP anfallenden Überschussanteil des ausländischen Künstlers umgegangen wird. Wird der Überschuss wie auch das zur Kombi-Gage gehörende Fixum als Netto- oder aber als Bruttovergütung vereinbart.

(C) Rechenbeispiel Überschussvereinbarung als Nettovergütung des Künstlers

| | |
|---|---|
| Honorarkosten / Fixum als Nettovergütung | **-5.000,00 €** |
| 17,82% Est von Fixum als Nettovergütung | -891,00 € |
| 0,98% SoliZ von Fixum als Nettovergütung | -49,00 € |
| weitere Veranstaltungskosten | -2.060,00 € |
| Gesamtveranstaltungskosten / BEP | -8.000,00 € |
| Ticketgesamteinnahmen | 14.286,00 € |
| Über BEP zu verteilende Ticketeinnahmen | +6.286,00 € |
| 70% ab BEP für Künstler als Nettovergütung ausgezahltes Honorar | -4.400,00 € |
| 17,82% Est von 70% Überschuss als Nettovergütung | -784,00 € |
| 0,98% SoliZ von 70% Überschuss als Nettovergütung | -43,00 € |

| 30% ab BEP für Veranstalter | -1.886,00 € |
|---|---|
| Gesamtauszahlungsbetrag an den Künstler | 9.400,00 € |
| Ergebnis für den Veranstalter nach Zahlung der Ausländersteuer | 1.059,00 € |

*Tabelle 7 - Bsp. (C) Überschussvereinbarung Netto*

Wird der Überschuss, wie auch das Fixum, als Nettovergütung vereinbart, sind die Ausländersteuer für beide Honorarteile (Fixum und Überschuss) alleinig auf Kosten des Veranstalters an das BZSt abzuführen. In Tabelle 7 wird deutlich, dass dem Veranstalter dann rein rechnerisch noch ein Plus in Höhe von 1.059,00 € bleibt. Das entspricht einer Einnahmen-/Ausgaben-Rentabilität von ca. 7,5 Prozent, nachdem der Veranstalter den Betrag der Ausländersteuer (1.767,00 €) an das BZSt abgeführt hat.

(D) Rechenbeispiel Überschussvereinbarung als Bruttovergütung des Künstlers

| Honorarkosten / Fixum als Nettovergütung | -5.000,00 € |
|---|---|
| 17,82% Est von Fixum als Nettovergütung | -891,00 € |
| 0,98% SoliZ von Fixum als Nettovergütung | -49,00 € |
| weitere Veranstaltungskosten | -2.060,00 € |
| Gesamtveranstaltungskosten / BEP | -8.000,00 € |
| Ticketgesamteinnahmen | 14.286,00 € |
| Über BEP zu verteilende Ticketeinnahmen | +6.286,00 € |
| 70% ab BEP für Bruttovergütung des Künstlers \| Honorar inkl. Ausländersteuer | -4.400,00 € |
| 15% Est von 70% über BEP als Bruttovergütung | +660,00 € |
| 5,5% SoliZ von Est=0,8255% SoliZ von 70% über BEP von Bruttovergütung | +36,00 € |

| | |
|---|---|
| *An den Künstler auszuzahlendes Netto-Honorar aus Überschuss* | *-3.704,0 €* |
| 30% ab BEP für Veranstalter | +1.886,00 € |
| Gesamtauszahlungsbetrag an den Künstler | 8.704,00 € |
| Ergebnis für den Veranstalter nach Zahlung der Ausländersteuer | 1.886,00 € |

*Tabelle 8 - Bsp. (D) Überschussvereinbarung Brutto*

Wird der Überschuss als Bruttovergütung und das Fixum als Nettovergütung vereinbart, erfordert das die Benutzung der zwei jeweils unterschiedlichen Steuersätze. Auf das als Nettovergütung vereinbarte Fixum sind 18,8 Prozent und für den als Bruttovergütung vereinbarten Überschussanteil sind hingegen nur 15,825 Prozent als Steuer-Berechnungssatz anzuwenden.

Den Betrag der aus dem Überschuss entstehenden Steuerlast übernimmt in diesem Fall der ausländische Künstler selbst. Im Beispiel bleibt dem Veranstalter dann ein Plus in Höhe von 1.886,00 €, was einer deutlich höheren Einnahmen-/Ausgaben-Rentabilität von ca. 13,2 Prozent entspricht.

Der Veranstalter führt auch hier den gegenüber in Tabelle 7 in etwas geringerer Höhe entstehenden Betrag der Ausländersteuer (1.636,00 €) an das BZSt ab. Das den ausländischen Künstler ausgezahlte Honorar fällt gegenüber dem in Tabelle 7 genannten Wert folgerichtig um 696,00 € niedriger aus.

Diese zugegeben nicht ganz einfach zu durchschauende Steuerberechnung nimmt dir mein Kalkulationstool, der ConcertCalculator, übrigens ab.

Wichtig ist, dass du den Unterschied zwischen Netto- und Bruttovergütung verstanden hast und weißt, dass dafür jeweils unterschiedliche Steuersätze anzuwenden sind, die Steuerlast aber aufgrund der unterschiedlichen Basiswerte identisch ist.

Da die Ausländersteuer eine Abführungssteuer ist, musst du diese aktiv beim BZSt melden und anschließend überweisen. Seit Ende 2023 wurde dieser Prozess durch die Einführung eines Elster-basierten Online-Portals vereinfacht und du kannst dich hier mit Hilfe deiner Steuer-Zertifikatsdatei, die du auch zur Abgabe deiner Einkommens- und Umsatzsteuermeldungen verwendest, direkt einwählen.

Ausländersteuer ist für das jeweils zurückliegende Quartal beim BZSt bis spätestens zum 10. des Folgemonats digital anzumelden und unverzüglich zu bezahlen. Gerätst du mit der Meldung oder Zahlung in Verzug kommen Verzugszinsen auf dich zu.

## 4.8 Sonstige Veranstaltungskosten

Nachdem wir uns bisher im Wesentlichen mit den Kosten, die mehr oder weniger direkt durch die für dein Live-Konzert gebuchten Künstler entstehen befasst haben, geht es in den folgenden Punkten um alle anderen durch deine Veranstaltung verursachten Kosten.

## 4.8.1 Security

Die Aufgaben des Sicherheitspersonals bei Live-Konzerten sind weitreichend und schließen die Zugangskontrolle, das Präventivhandeln gegenüber potenziellen Gefahren und Störungen, die Überwachung der Einhaltung von Hausordnungen, die Begleitung von Künstlern, den Schutz von Equipment, die Reaktion auf Notfälle sowie die Durchführung von ggf. erforderlichen Evakuierungen ein.

Die Frage, ob du bei deinem Live-Konzert Sicherheitspersonal einsetzen solltest, stellt sich eigentlich nicht, ob es aber professionelles, qualifiziertes Security-Personal sein muss, steht in engem Zusammenhang mit der Veranstaltungsgröße und dem Musikgenre, das du während deines Konzerts präsentierst.

Außerdem können dich die Behörden im Rahmen der erteilten Veranstaltungsgenehmigung zum Einsatz eines professionellen Security-Teams verpflichten.

Bei kleinen Veranstaltungen mag eine reduzierte Sicherheitsmannschaft oder der Veranstalter selbst noch ausreichen, um Ordnung und Sicherheit zu gewährleisten. Doch mit zunehmender Besucherzahl steigen auch die Anforderungen an die Sicherheitsvorkehrungen. Bei Veranstaltungen ab einer Besucheranzahl, die über die Kapazität einer normalen Gaststätte hinausgeht – üblich sind hier mehr als 200 Personen – wird von den Genehmigungsbehörden qualifiziertes Sicherheitspersonal meist als unentbehrlich betrachtet. Vielfach beinhalten die von Städten und Kommunen erteilten Veranstaltungsgenehmigungen dann diese Auflage.

Es ist wichtig, dass du den Behörden bei der Anmeldung deines Live-Konzerts realistische Angaben zur Anzahl des erwarteten Publikums machst. Einige Städte und Kommunen genehmigen die Veranstaltung nur unter Auflage und schreiben die Anzahl und Mitwirkung qualifizierten Security-Personals vor, was auch ausschließlich von der Besucherkapazität oder Größe der Publikumsfläche einer Location abhängig sein kann. Dann spielt die von dir erwartetet Besucherzahl keine Rolle und deine Fix-Kosten können in diesem Bereich schnell explodieren, wenn du eine Location gewählt hast, die für das von dir erwartete Publikum viel zu groß ist.

Im eigenen Interesse solltest du berücksichtigen, dass Live-Konzerte solcher Genres wie Hip-Hop, Punk, Hardrock und Heavy Metal aufgrund der oft entstehenden höheren physischen Dynamik im Publikum ein verstärktes Potential für sicherheitsrelevante Vorfälle darstellen. Erfahrungsgemäß neigen Konzerte dieser Musikstile im Publikum zu einem stärkeren Maß an Bewegung, wie Pogen, Springen und Headbanging, wohingegen klassische Konzerte, Liederabende oder

Akustik-Konzerte deutlich ruhiger und dadurch mit Blick auf die Veranstaltungssicherheit geordneter ablaufen.

 Genehmigt die Behörde deine Live-Veranstaltung unter der Auflage, eine bestimmte Anzahl professioneller Security-Kräfte zu beschäftigen, erwartet die Behörde dann auch wirklich professionelles Personal, das eine entsprechende Unterrichtung und ggf. auch eine Sachkundeprüfung nach §34a GewO nachweisen kann.

Im Unterschied zu freiwilligen Helfern am Einlass ist professionelles Security-Personal im Umgang mit Gästen, der Deeskalation von Konflikten sowie den rechtlichen Grundlagen zu ihrer Tätigkeit geschult und verfügt meist auch über Kenntnisse zur Ersten Hilfe.

Für ausgebildetes, professionelles Sicherheitspersonal musst du mit Stundensätzen zwischen 30 und 50 € pro Security-Mitarbeiter rechnen. Die Preise variieren allerdings und sind auch regional sehr unterschiedlich.

 Wie bei allen anderen Dienstleistern, solltest du auch hier Angebote mehrerer Security-Unternehmen vergleichen und dich mittelfristig auf das Unternehmen deiner Wahl festlegen, da dir deren exklusive Beauftragung eventuell einen Preisvorteil verschaffen kann.

## 4.8.2 Dein Personal

Die Durchführung eines Live-Konzertes kann keine One-Man-Show sein. Zu viele unterschiedliche Aufgaben müssen oft zeitgleich erledigt werden, so dass du geeignetes Personal brauchen wirst.

 Ob deine Veranstaltung beim Publikum in positiver Erinnerung bleibt, hängt nicht nur vom präsentierten Live-Act und dem Ambiente der Location ab. Einen sehr wesentlichen Beitrag leisten alle Mitarbeiter, die vor und hinter der Bühne alles

> dafür tun, dass sich die Band und die Konzertbe-
> sucher auf deiner Veranstaltung wohlfühlen.
>
> Berücksichtige das unbedingt bei der Auswahl
> deines Personals. Serviceorientierung, selbststän-
> diges Handeln, selbst sehen, wo es klemmt, um
> Kollegen und Besuchern hilfsbereit zur Seite zu
> stehen, sind Eigenschaften, die dein Personal un-
> bedingt auszeichnen sollten.
>
> Gutes Personal geht aus eigenem Antrieb den be-
> rühmten Schritt mehr!
>
> Zwar unterliegt dein Personal nicht unbedingt ei-
> nem bestimmten Dresscode, allerdings sollte das
> Erscheinungsbild deiner Mitarbeiter zum Charak-
> ter der Veranstaltung passen.
>
> Um die Servicekräfte für die Konzert-Besucher er-
> kennbar zu machen, solltest du über entspre-
> chende T-Shirts oder Stage Pässe nachdenken
> und diese deinen Mitarbeitern zur Verfügung stel-
> len.

Aber wen brauchst du eigentlich? Welche Aufgaben sind am
Veranstaltungstag zu erledigen und welche Positionen sind
dazu personell zu besetzen?

**Veranstaltungsleiter:** Er ist der Chef des Tages. Bei ihm
laufen alle Fäden zusammen. Er kennt den Zeitplan, steht im
engen Kontakt mit den Künstlern und allen Personalbereichen.
Er kennt alle vertraglichen Vereinbarungen mit den Dienstleistern und sorgt dafür, dass diese eingehalten werden. Meist
rechnet er nach dem Konzert auch direkt mit den Künstlern ab
und erledigt die Barauszahlung der Gagen.

> Vermutlich wirst du diese Aufgaben Anfangs
> selbst übernehmen, aber bedenke, dass auch du
> kurzfristig ausfallen kannst. Wenn du deine Ver-
> anstaltung dann nicht absagen willst, solltest du
> dir schnellstmöglich und schon im Vorfeld deines
> ersten Live-Konzerts eine personelle Backup-Lö-
> sung schaffen.

Sorge dafür, dass du als Veranstaltungsleiter von Mitarbeitern und Künstlern am Veranstaltungstag jederzeit erreichbar bist. Lege dir dazu ein zusätzliches Mobiltelefon zu und gebe die Rufnummer nur diesem Personenkreis bekannt.

Wenn diese Rufnummer öffentlich bekannt ist, kann es sein, dass du dich ständig mit telefonischen Ticketanfragen von „Spätentschlossenen", die sich nach der Verfügbarkeit von Tickets erkundigen, konfrontiert siehst und deine Arbeit permanent unterbrechen musst.

Um aber auch diese Art Anfragen serviceorientiert beantworten zu können, veröffentliche in deinen Veranstaltungsanzeigen eine Rufnummer, unter der die Abendkasse direkt angerufen werden kann.

Während der Veranstaltung sind kurze Wege und das gilt auch für Informationen, besonders wichtig, um schnell auf Fragen und auftretende Probleme reagieren zu können. Deine Mitarbeiter und Teams müssen wissen, wer womit beauftragt ist und wie diese Person schnell erreicht werden kann.

Meine VA-Check-Kontaktliste bietet dazu eine gute Grundlage. Du solltest sie vor jeder Veranstaltung ausfüllen und deinen Teamleitern in den verschiedenen Bereichen ausgedruckt zur Verfügung stellen.

**Techniker:** Tontechniker und Lichttechniker sind essenziell, um die künstlerische Darbietung akustisch und visuell zu unterstützen. Von der Qualität ihrer Arbeit hängt es zu einem großen Teil ab, ob das Konzert dein Publikum begeistert. Du solltest hier keine personellen Kompromisse machen, um ein paar Euro zu sparen. Entweder kannst du auf dir persönlich bekannte Leute zurückgreifen oder dir erfahrenes Personal über deinen Technikverleiher beschaffen. In jedem Fall solltest du sehr sorgsam bei der Auswahl sein, um sicher zu gehen, dass die Technik-Crew fachlich in der Lage und bereit ist, sich auch mental auf den Live-Act und den Charakter deiner Veranstaltung einzulassen.

**Stage Hands:** Sie tragen maßgeblich zu einem reibungslosen technischen Ablauf der Veranstaltung bei. Sie unterstützen die Licht- und Tontechniker bei der Einrichtung der Technik und stehen der Band bei der Entladung des Tourbus´ zur Seite. Während des Konzerts sind sie oftmals für den raschen Wechsel von Equipment, einen eventuell erforderlichen Bühnenumbau und die Sicherstellung der Funktionsfähigkeit aller Komponenten auf der Bühne verantwortlich. Sie müssen also robuste Fähigkeiten besitzen: technisches Verständnis für Beleuchtungs- und Soundanlagen mitbringen, sowie über eine schnelle Auffassungsgabe verfügen, um im Eifer des Konzerts auf unvorhergesehene Ereignisse adäquat reagieren zu können. Ein hohes Maß an körperlicher Fitness ist angesichts des häufigen Hebens schwerer Gegenstände und des dynamischen Arbeitsumfelds unverzichtbar. Das alles sollte vom Publikum natürlich möglichst unbemerkt bleiben und so brauchst du für diese Aufgaben Menschen, die nicht unbedingt selbst im Rampenlicht stehen wollen – stille Helfer sozusagen.

 Auch und besonders nach dem Konzert sind Stage Hands wichtig. Der Tourbus muss wieder beladen, Bühne und Location wieder in den ursprünglichen Zustand zurückversetzt werden.

**Einlass:** Bereits hier wird für dein Publikum der Grundstein für einen entspannten Konzertgenuss gelegt und du solltest zwei bis drei wirklich pfiffige Mitarbeiter für diese Aufgaben finden. Online-Tickets scannen, Hardtickets entwerten, Gästelisten abgleichen und dem eintrittsberechtigten Publikum Einlassarmbänder, oder wenn es etwas rustikaler zugeht, Stempel auf die Hand verpassen, sind Aufgaben, die es mit Freundlichkeit in kürzester Zeit am Einlass zu erledigen gilt. Dein Personal steht hier im unmittelbaren Kontakt mit den Konzertbesuchern. Ihre Professionalität, ihre Stimmung, ihr

Aussehen und ihre Tagesform stimmen die Besucher auf den Abend ein. Freundlichkeit, ein kühler Kopf und die Bereitschaft für ein kleines Späßchen lockern die Anspannung auf, wenn es zu großem Andrang am Einlass kommt.

**Abendkasse:** Auch wenn heute ein Großteil der Konzertbesucher den Online-Ticketverkauf nutzt, verkaufst du bei nicht ausverkauften Veranstaltungen den kurzentschlossenen Besuchern noch Tickets an der Abendkasse. Hier geht also Geld über den Tisch und du solltest dazu nur Mitarbeiter einsetzen, die dein absolutes Vertrauen genießen.

Einige Veranstalter arbeiten auch heute noch mit Ticket-Reservierungen. Die Tickets sind dann an der Abendkasse meist bis 30 min vor Beginn des Konzerts hinterlegt und müssen erst bei Abholung bezahlt werden. Es ist sehr zweifelhaft, ob durch dieses unverbindliche Angebot am Ende tatsächlich mehr Tickets verkauft werden und das wäre der einzige Grund diesen Aufwand zu betreiben und dich dem Risiko auszusetzen, dass interessierte Ticketkäufer an der Abendkasse abgewiesen werden und am Ende einige zwar reservierte, aber nicht abgeholte Tickets, unbezahlt übrigbleiben.

Wenn überhaupt, sollten Ticketreservierungen eine absolute Ausnahme darstellen, die du vielleicht Stammgästen oder sehr guten Freunden anbieten kannst, bei denen du dir sicher sein kannst, dass sie rechtzeitig absagen, wenn sie das Konzert doch nicht besuchen.

Bevor sich in der Location die Türen für das Publikum öffnen, solltest du checken, ob dein Einlass-Team vollständig und die Abendkasse fit zur Begrüßung der Besucher-Massen sind.

Mit meiner Einlass-Checkliste hast du ein Instrument zur Hand, dass dich dabei unterstützt.

**Security:** Über die Bedeutung und Aufgaben dieser Mitarbeiter wurde schon weiter oben im Buch geschrieben. Sie sind für die Sicherheit der Veranstaltung zuständig und du brauchst sie auch dann, wenn es dir die Behörden nicht zwingend vorschreiben. Bei kleineren Veranstaltungen kannst du diese Aufgaben auch an ehrenamtliche Helfer übertragen.

**Thekenpersonal:** Veranstaltest du dein Konzert mit eigenem Thekenbetrieb, spielen diese Mitarbeiter eine wichtige Rolle. Nicht nur dass sie den Gästen stets freundlich und serviceorientiert begegnen sollten, sie sollen dir mit ihrer professionellen Arbeit auch den erwarten Umsatz sichern, den du vielleicht zur Deckung der Veranstaltungskosten in deiner Kalkulation berücksichtigt hast. Da es hier, wie am Einlass, auch um Geld geht, bestimme einen Theken-Chef, der für die Abrechnung verantwortlich ist und dazu dein absolutes Vertrauen genießt.

 Ein zusätzliches Siegel für die Qualität deiner Veranstaltung und die Sicherheit deiner Gäste kannst du dir verschaffen, wenn die Mitarbeiter im Bereich der Theke und die Servicekräfte, die sich backstage um die Versorgung der Künstler bemühen, ein Gesundheitszeugnis nachweisen können.

Einen Antrag zur Ausstellung eines Gesundheitszeugnisses können die Mitarbeiter beim örtlichen Gesundheitsamt stellen, was in den meisten Fällen auch online möglich ist.

**Servicekräfte:** Diese Mitarbeiter werden für große Veranstaltungen häufig von Zeitarbeitsfirmen oder über Jobportale rekrutiert, aber natürlich kannst du dich für kleinere Veranstaltungen auch in deinem Bekanntenkreis umhören. Tätigkeitsschwerpunkte sind hier die Versorgung der Künstler mit Speisen und Getränken im Backstage-Bereich, die Überwachung und Sicherung der Sauberkeit im Veranstaltungsraum und den Toiletten, bis hin zur Unterstützung des Merchandisers der Band.

Allzu oft werden die Techniker und eigenen Mitarbeiter während der Veranstaltung vergessen. Sie haben oft keine Zeit oder keine Möglichkeit, sich ein Getränk vor oder während der Show am Tresen zu holen. Als Veranstalter sammelst du hier Pluspunkte, wenn deine Servicekräfte auch deren Bedürfnisse während deiner Veranstaltung im Auge behalten.

Gute Arbeit kostet gutes Geld.

Wahrscheinlich kannst du nicht in allen Aufgabenbereichen auf unentgeltliche Freundschaftsdienste oder die Mitarbeit ehrenamtlich tätiger Vereinsmitglieder zurückgreifen und benötigst professionelle Unterstützung. Hier heißt es verschiedene Angebote von Personaldienstleistern einzuholen und zu vergleichen, um den richtigen Geschäftspartner zu finden, der dir das beste Preis-Leistungs-Verhältnis bietet.

Besonders bei deinen ersten eigenen Veranstaltungen wird das dir zur Verfügung stehende Budget niedrig sein. Jede unentgeltliche Unterstützung wird dich entlasten und sollte dir herzlich willkommen sein.

Aber auch die Mitarbeitenden, die dich im Rahmen ihrer Vereinsmitgliedschaft oder weil es deine Verwandten oder Freunde sind, unentgeltlich unterstützen, freuen sich über eine Anerkennung ihrer Arbeit.

**Time for Tickets** (TfT)– Eine gute Möglichkeit sich zu bedanken, funktioniert wie folgt:

Für eine im Rahmen deiner Veranstaltung unentgeltlich geleistete Arbeitsstunde gewährst du jedem deiner Mitarbeiter xx, xx € als nicht monetär auszahlbare Gutschrift. Mit dem so für jeden Mitarbeiter individuell entstehenden Guthaben, kann er Tickets für deine zukünftigen Veranstaltungen erwerben.

Damit bedankst du dich nicht nur bei deinen aktiven Mitarbeitern oder Vereinsmitgliedern, sondern du erweiterst immer dann die Reichweite deiner Veranstaltungen, wenn deine Mitarbeiter ihre Freunde, Bekannten oder Arbeitskollegen zu einem der nächsten Konzerte auf ihr TfT-Guthaben mitbringen.

In Vereinen ist das übrigens auch eine gute Möglichkeit „Trittbrettfahrer" in ihre Schranken zu weisen, die glauben, allein durch ihre Mitgliedschaft automatisch ein Jahresabonnement für alle vom Verein veranstalteten Live-Konzerte erworben zu haben.

### 4.8.3 Werbung

Die für Werbung anfallenden Kosten eines öffentlichen Live-Konzerts sind maßgeblich durch die Bekanntheit des auftretenden Acts sowie die geografische Reichweite des Events bestimmt. Deine Werbekampagnen zielen dabei natürlich darauf ab, eine möglichst hohe Auslastung der Veranstaltung zu erzielen und deine Marke als Veranstalter oder für deine Veranstaltungsreihe und den Künstler zu stärken.

Ein geeigneter Ansatz zur Budgetierung der Werbekosten zur Planung eines Live-Acts berücksichtigt dabei folgende drei Punkte:

• Einnahmen aus Ticketverkauf
• verfügbares Gesamtbudget
• Zielgruppe, die durch die Werbekampagne erreicht werden soll

Es empfiehlt sich, zunächst eine Zielgruppenanalyse durchzuführen, um die passenden Werbekanäle zu identifizieren und darauf aufbauend eine Kosten-Nutzen-Analyse für jede Werbemaßnahme zu erstellen. Unter Punkt 3.9 findest du eine Auflistung und Beschreibung verschiedener Maßnahmen und Kanäle, um dein Live-Konzert den

> unterschiedlichen Zielgruppen effektiv näher zu bringen.

Aber auch die Bekanntheit der Band, die du bei deinem Konzert live präsentieren möchtest, spielt bei der Festlegung deiner Werbestrategie und damit auch im Bereich der Werbekosten eine wichtige Rolle.

**Regionale Acts:** Hierbei sind die Werbekosten vergleichsweise geringer, da diese Konzerte zumeist nur lokal beworben werden – mittels Flyer, lokaler Presse oder durch organische Social-Media-Aktionen innerhalb einer gut vernetzten Community, erreichst du hier eine gute Werbewirkung. Du solltest dazu mit einem Budget von 200 bis 500 € planen.

**Nationale Acts:** Verursachen höhere Kosten für Gage, du benötigst eine größere Location, die mehr Publikum fasst und umfangreichere Technik, um eine national bekannte Band live präsentieren zu können. Das führt auch zu höheren Veranstaltungskosten und Ticketpreisen und damit zu einer höher liegenden Kaufschwelle. Deshalb macht sich hier eine weitreichendere Marketingstrategie erforderlich, die regionale Grenzen überschreitet – du musst für diese Maßnahmen mit einem Budget von mindestens 1.000 bis 5.000 € rechnen, um überregional in Online- und Offline-Kanälen präsent zu sein.

**Internationale Stars:** Ganz sicher eine Artist-Kategorie, die dir kaum in kleinen und mittleren Veranstaltungsstätten begegnen wird. Um in dieser Liga als Veranstalter überhaupt mitmischen zu können, bedarf es neben langjähriger Erfahrung und hervorragenden Kontakten auch eines potenten finanziellen Backgrounds, um die erforderlichen und großangelegten Werbekampagnen, finanziell überhaupt stemmen zu können. Nicht selten muss Werbung dazu nationale Grenzen überschreiten und in unterschiedlichen Sprachräumen Berücksichtigung finden. Hier ist mit Werbekosten ab 10.000 € zu rechnen.

Der Schlüssel zu einer effizienten Budgetierung liegt somit in der präzisen Analyse und Abwägung deiner Möglichkeiten, um darauf aufbauend eine sorgfältige Auswahl der Marketinginstrumente treffen zu können und damit die maximale Wirkung jedes investierten Werbe-Euros zu gewährleisten.

 In die Vertragsgespräche mit den Bands und Künstlern solltest du das Thema Werbung aktiv einbringen und klären, welchen Beitrag die Künstler für deine Werbekampagnen leisten können. Angefangen von der kostenlosen Zurverfügungstellung geeigneter Veranstaltungsplakate und Flyer, über kurze Videobotschaften zum Einsatz auf deinen Social-Media-Kanälen, bis hin zur Bereitschaft, ein bestimmtes Ticketkontingent kostenlos für Preisausschreiben und über Rundfunk und Presse veranlasste Verlosungen nutzen zu dürfen, gibt es im Vorfeld eines Live-Konzerts viele Möglichkeiten, der Mitwirkung.

## 4.8.4 Vertriebskosten

Auch wenn du als Veranstalter, vielleicht abgesehen von einigen Merchandising-Artikeln und Getränken an der Theke deiner Live-Konzerte, keine Waren im eigentlichen Sinne vertreibst, musst du dich mit diesem Thema auseinandersetzen.

Der Vertrieb von Konzert-Tickets in Deutschland hat sich zu einem vielschichtigen Markt entwickelt, der unterschiedliche Verkaufskanäle umfasst. Zu den prominentesten Vertriebswegen zählen Online-Ticketplattformen, physische Vorverkaufsstellen, die Abendkasse sowie indirekte Vertriebsmöglichkeiten wie Reseller und soziale Medien.

Ganz gleich über welchen Kanal du die Tickets für deine Konzerte vertreibst, entstehen beim Vertrieb der Tickets Kosten oder mindestens Arbeitsaufwand, den du oder einer deiner Mitarbeiter damit hat. In den nächsten Kapiteln gehen wir näher auf Ticketpreise und die Kosten von Online-Ticketplattformen und physischen Vorverkaufskassen ein. Dir wird gezeigt, wie du Ticketpreise kalkulierst, festlegst und den Verkauf so organisierst, dass die Vertriebskosten dein Budget möglichst nicht belasten.

## 5. Woher das Geld für dein Live-Konzert kommt

Nachdem du im letzten Kapitel alle relevanten Veranstaltungskosten kennengelernt hast, geht es auf den folgenden Seiten
darum, diese mit Einnahmen auszugleichen und deine Veranstaltung idealerweise in die Gewinnzone zu bringen.

Wir beschäftigen uns jetzt also mit der Frage, woher das Geld
kommen kann, mit dem du die Gage, deine Dienstleister und
den Vermieter der Location, aber auch die Steuern und Gebühren bezahlen kannst, ohne dein privates Bankkonto plün-
dern zu müssen.

### 5.1 Tickets

Der Verkauf von Konzert-Tickets ist gleich eine vielschichtige
Herausforderung auf dem Weg zu einem für alle Beteiligten
wirtschaftlich erfolgreichen Live-Konzert. Der Ticket-Erlös stellt
den größten Teil deiner Einnahmen und erfordert deine ganze
Aufmerksamkeit.

Es geht nicht nur um die Festlegung eines angemessenen Ticket-Preises. Um hier tatsächlich Erfolg haben zu können,
musst du sorgfältig überlegen, welche Vertriebs-Strategien du
anwendest, um den Verkauf der Tickets so anzukurbeln, dass
du zunächst das Minimalziel, die Deckung deiner Veranstaltungskosten, sicher realisierst. Erst im zweiten Schritt solltest
du dir geeignete Maßnahmen überlegen, die es dir ermögli-
chen, mit deiner Live-Veranstaltung einen Gewinn zu erwirt-
schaften. Denn um das zu erreichen, stellen die Ticket-Einnahmen nur einen von mehreren Bausteinen dar.

Wir werden uns also in diesem Kapitel zunächst mit den wichtigsten Überlegungen und Möglichkeiten zum Verkauf von
Konzert-Tickets befassen und du lernst effektive Strategien
zur Preisfindung und Umsatzsteigerung kennen.

Bevor du aber mit dem Verkauf von Konzert-Tickets beginnst,
ist es wichtig, ein klares Ziel zu definieren, das da sein könnte:

**Dein Konzert soll ausverkauft sein:** Es ist immer vorteilhaft, wenn die Nachfrage nach Tickets höher als die Kapazität deiner Location und ein Live-Konzert tatsächlich ausverkauft ist. Hier entsteht bei den Ticketbesitzern automatisch ein Eindruck von Exklusivität, der auch für deine zukünftigen Konzertveranstaltungen Ticket-Nachfragen erzeugt. Die Leute, die ihren Kaufentschluss diesmal zu spät gefasst haben und im Vorverkauf oder an der Abendkasse leer ausgegangen sind, werden beim nächsten Mal vermutlich schneller sein, um an eines der von dir angebotenen und offensichtlich heiß begehrten Konzert-Tickets zu kommen.

**Du willst dir eine Fangemeinde aufbauen:** Du kannst auch den Verkauf deiner Tickets dazu nutzen, um eine langfristige Beziehung zu deinen Fans aufzubauen, um sie zu wiederkehrenden Besuchern deiner Veranstaltungen zu machen.

Wie im Fall der Veranstaltungswerbung baut auch ein effektiver Ticket-Verkauf auf der möglichst genauen Kenntnis der Begleitumstände deiner Veranstaltung auf. Folgende zwei Aspekte solltest du dabei unbedingt beachten:

**Zielgruppe:** Bereits in Punkt 3.9, als es um die Effektivität von Werbemaßnahmen ging, spielte die Kenntnis deine Zielgruppe eine wichtige, wenn nicht sogar die entscheidende Rolle, um effiziente Werbemaßnahmen zu kreieren. Genau zu wissen über welche Kanäle du deine potenziellen Besucher erreichst, ist auch beim Verkauf der Tickets essenziell. Das Verhalten und die Präferenzen deiner Zielgruppe solltest du bei der Entwicklung deiner Verkaufsstrategien unbedingt berücksichtigen.

**Ticket-Preis:** Der Ticket-Preis ist ein extrem wichtiges Argument für das spätere Kaufinteresse potenzieller Konzertbesucher. Finde die richtige Balance zwischen Gewinnmaximierung und der Zugänglichkeit für das Publikum. Zu hohe Preise könnten potenzielle Besucher ausschließen oder abschrecken, während ein zu niedriger Preis wahrscheinlich die Rentabilität deiner Veranstaltung beeinträchtigt. Eine ausgewogene

Kalkulation und klare Preisstrategie können dir helfen, beides zu erreichen.

Aus diesem Grund beschäftigen wir uns in den nächsten Abschnitten etwas ausführlicher mit der Bildung wirtschaftlicher Ticket-Preise und dem Umgang mit Vertriebskosten.

## 5.1.1 Ticketpreise festlegen

Der Ticketpreis ist ein wichtiger, häufig sogar entscheidender Faktor dafür, ob ein Ticket gekauft wird, oder nicht. Die Frage ist aber, welche Parameter ihn wirklich bestimmen.

**Veranstaltungskosten:** Die Festlegung eines Ticket-Preises für eine Veranstaltung und so auch für Live-Konzerte, die sich in erster Linie über die Einnahmen aus dem Ticket-Verkauf finanzieren, ist ein komplexer Prozess. Veranstaltungskosten spielen hier eine entscheidende Rolle. Primär bildet die Kalkulation dieser Kosten – darunter fallen in erster Linie alle Fix-Kosten, wie Mietaufwendungen für die Location und Veranstaltungstechnik, Garantie-Gagen für Künstler und Honorare für Personal, Security, Marketing und sonstige logistische Ausgaben – die Grundlage, auf der dein Ticket-Preis fußt. Als professioneller Veranstalter musst du Wert darauflegen, diese Kosten nicht nur zu decken, sondern danach streben, wenn möglich einen Gewinn zu erzielen.

**Marktnachfrage:** Die allgemeine Ticket-Nachfrage spielt ebenfalls eine wichtige Rolle bei der Preisgestaltung für deine Veranstaltung. Gerade die letzten Jahre, als Live-Musik größere Pausen einlegen musste, haben dazu geführt, dass sich nicht wenige Menschen in ihrer Freizeit andere Betätigungsfelder gesucht haben. Dazu kommt, dass die in jüngster Zeit gestiegenen Lebenshaltungskosten auch vor den Konzertbesuchern nicht Halt gemacht haben. Beide Faktoren haben dazu geführt, dass die Nachfrage nach Tickets für Live-Musik in einigen Bereichen zeitweise spürbar nachgelassen hat und sich nur langsam wieder erholt. Dennoch gilt auch heute – wenn die Nachfrage höher als die Anzahl der zur Verfügung stehenden Tickets ist, steigt der Preis. Erwartet man sowieso eine eher geringe Nachfrage oder besteht ausgerechnet an dem von dir gewählten Konzerttermin in deiner Region ein Überangebot vergleichbarer Veranstaltungen, kann auch ein niedrigerer Preis attraktiv sein, um das Publikum zu deinem Konzert zu locken.

**Bekanntheit der Band:** Die Bekanntheit der Band, die auf deiner Live-Bühne stehen wird, bestimmt die Ticket-Nachfrage ebenfalls sehr entscheidend. Außerdem kannst du für bekannte Bands mit einer großen Fangemeinde oft auch höhere Preise verlangen. Wahre Fans sind bereit, mehr zu zahlen, um ihre Lieblingsband live erleben zu können. Bei weniger bekannten Bands wird es eher sinnvoller sein, den Ticket-Preis niedriger anzusetzen, um möglichst viele Konzertbesucher anzulocken und so auch eine solche Veranstaltung möglichst auszuverkaufen und in die Gewinnzone zu bringen.

**Veranstaltungsort:** Über die Wahl einer zu deinem Live-Konzert passenden Location haben wir schon unter Punkt 3.6. gesprochen und verschiedene Kriterien beleuchtet. Auch auf den Ticket-Preis kann die Location, allein durch die von ihr verursachten Nutzungskosten und ihre Größe, einen erheblichen Einfluss haben. Andererseits erlauben die in deiner Zielgruppe bereits bekannte Locations mit ihrem guten Ruf, oft auch einen höheren Ticket-Preis zu verlangen. Besucher schätzen das besondere Ambiente einer Location, die Qualität der dort zur Verfügung stehenden Licht- und Tontechnik und sind auch bereit für diese Atmosphäre etwas mehr Geld auszugeben.

**Finanzielle Leistungsfähigkeit:** Es ist ein Unterschied, in welcher Region, in welcher Stadt du dein Konzert veranstaltest. In jedem Fall solltest du die zu erwartende finanzielle Leistungsfähigkeit der dort lebenden Menschen mit in Betracht ziehen.

 Eine sehr gute Möglichkeit zur Einschätzung der örtlichen Akzeptanz des von dir vorgesehenen Ticket-Preises, stellt ein vergleichender Blick in die

> Programmhefte anderer Veranstalter der Region dar.
>
> Welche Ticket-Preise nehmen andere für eine mit deinem Live-Konzert vergleichbare Veranstaltung? Ist die von dir gebuchte Band on Tour, schaue dir die Ticket-Preise anderer Konzerte auf der Tour an.

Aber nicht immer kannst du den Ticket-Preis frei bestimmen. Der Fall tritt immer dann ein, wenn eine Band diesen Punkt zum Vertragsbestandteil gemacht hat und dir einen Ticket-Preis vorschreibt.

Aber auch dann bleiben dir die Recherchen, Überlegungen und letztendlich deine Preisentscheidung nicht erspart. Eventuell verlagert sich das Thema nur stärker in die Vertragsverhandlungen mit den Künstlern und Agenturen.

> Gerade Agenturen schießen hier gerne übers Ziel und versuchen dir Ticket-Preise zu diktieren, die in ihrer Höhe vielleicht nicht in den Rahmen deiner Möglichkeiten, deiner Veranstaltungsreihe oder in die Region passen, in der dein Konzert stattfinden soll.
>
> Hier heißt es dann hart bleiben und gut argumentieren, um zu einem Vertragsabschluss zu kommen, der für dich ein wirtschaftlich erfolgreiches Konzert erwarten lässt. Gehst du auf zu hohe Ticket-Preise ein, verkaufst du wahrscheinlich zu wenige Tickets und bleibst am Ende auf einem Teil der Veranstaltungskosten sitzen.

Wie schon weiter oben festgestellt, ist es kein Geheimnis, dass auch der Ticket-Vertrieb Kosten verursacht, die sich im Ticket-Preis widerspiegeln. Dabei ist es egal, ob du diese Kosten in den Ticket-Verkaufspreis einpreist oder separat ausweist. Letzten Endes müssen auch diese Kosten von den Ticket-Käufern getragen werden.

Der ConcertCalculator unterstützt dich aktiv bei der Preisfindung für deine Tickets. In Abhängigkeit deiner Veranstaltungskosten und dem Status der Künstler erhältst du hier automatisch einen Preisvorschlag, als Basispreis und die darauf aufbauenden Ticketpreise für den Vorverkauf, als auch für die Abendkasse. Außerdem zeigt dir der Concert-Calculator auch die zur Erreichung des BEP erforderliche Mindestverkaufszahl an. Beide Informationen bieten dir eine solide Ausgangsbasis für deine Preisentscheidung.

## 5.1.2 Tickets verkaufen

Nachdem du nach reiflicher Überlegung nun einen Verkaufspreis für deine Tickets festgelegt hast und darauf hoffst, dass du die zur Deckung deiner Veranstaltungskosten erforderliche Mindestmenge der Tickets tatsächlich verkaufst, stellen sich neue Fragen.

Die Vertriebskanäle für den Verkauf von Konzert-Tickets sind vielfältig und jede Verkaufsplattform bringt spezifische Vor- und Nachteile mit sich, die es bei der Wahl deiner Verkaufsstrategie zu berücksichtigen gilt.

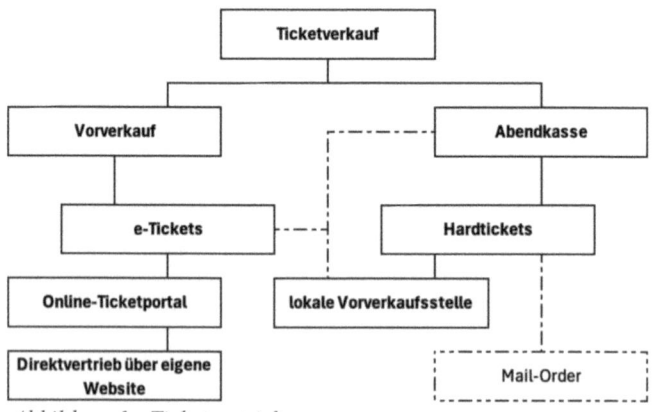

*Abbildung 1 - Ticketvertrieb*

Abbildung 1 verdeutlicht die von den technischen Möglichkeiten deiner Vertriebspartner abhängigen Einsatzmöglichkeiten digitaler und analoger Konzert-Tickets.

**Lokale Vorverkaufsstellen:** Sie sprechen besonders ortsansässige Kunden an und bieten den Käufern einen persönlichen Kontakt. Einschränkend wirkt sich aus, dass sie nur während der Geschäftszeiten zugänglich sind und gegenüber den 24/7-Angeboten der Online-Portale vergleichsweise geringere Verkaufszahlen erreichen.

Dennoch solltest du bei deinem Bäckerladen um die Ecke, in deinem Fitnessstudio und in der inzwischen vielfach privatisierten Post- oder Paketannahmestelle fragen, ob sie für deine Veranstaltungen Tickets verkaufen würden. Das verursacht dir keine Vertriebskosten, denn sollten die Verkaufsstellen eine Vorverkaufsgebühr – 1 bis 2 € pro Ticket sind hier durchaus angemessen – von den Käufern deiner Konzert-Tickets kassieren, belastet das nicht dein Budget.

Außerdem kannst du bei der Gelegenheit in den Ladengeschäften vielleicht auch ein Plakat zur Werbung für dein nächstes Live-Konzert im Schaufenster unterbringen und erhöhst so deine Reichweite zu Null Kosten.

**Online-Ticketportale:** Inzwischen zu einer Art Standard-Konzertkasse geworden, stehen Plattformen wie Eventim, Ticketmaster oder Reservix heute zentral für den modernen Ticket-Vertrieb. Allerdings sind deren Dienste auch nicht ganz billig. Ob sie aber preiswert sind, hängt davon ab, welche Funktionen dir andere Anbieter nicht bieten, auf die du aber nicht verzichten möchtest. Nicht selten führt der Vertrieb über die drei Großen der Branche zu einer erheblichen Erhöhung der von dir veranschlagten Ticketpreise. Der Erfindungsreichtum dieser Anbieter in Sachen Zusatzgebühren kennt kaum Grenzen. Ticket-Käufer zahlen hier zum Teil Aufschläge für

Systemgebühren, Druck- und Versandkosten, die 20 Prozent des ursprünglichen Ticket-Preises nicht selten übersteigen.

 Abgesehen von den o.g. Anbietern ist der Markt der Ticket-Onlineportale inzwischen fast unüberschaubar geworden. Zu verlockend scheint das Geschäft mit den Verkaufs-Gebühren.

Im ConcertCalculator habe ich die Kosten für System- und Paymentgebühren verschiedener Anbieter bereits integriert und er unterstützt dich bei der Preisfindung für deine Tickets. Die Liste der Anbieter wird weiter ausgebaut und ich empfehle dir, dieses Tool zu nutzen.

Aber die drei Großen bieten gegenüber allen anderen Anbietern neben der 24/7-Verfügbarkeit auch ein paar exklusive Vorteile. Während die Hinterlegung von Saalplänen zur Sitzplatzauswahl und die Print@Home-Funktion inzwischen zum Standardangebot fast aller Ticket-Portale gehören, verfügt zum Beispiel Eventim über mehr als 10.000 Vorverkaufsstellen in Deutschland. Kaum eine Stadt-Info, in der man kein Eventim-Ticket kaufen kann. Ein weiterer Vorteil ist die Verknüpfung von Eventim und der Tagespresse. Verkaufst du Tickets über Eventim ist es nicht unwahrscheinlich, dass du eine Zeitungsnotiz über deine Veranstaltung automatisch auch in der Tagespresse findest, was natürlich die Reichweite deines Veranstaltungs-Angebotes erhöht.

Klar, dass ein solches bundesweit und teilweise über unsere Staatsgrenzen hinausgehendes Dienstleistungsangebot Kosten verursacht, die zwangsläufig über Vorverkaufs- und Systemgebühren auf die Ticket-Preise zurückfallen. Für kleine Veranstaltungen und Konzerte, die eher regionalen Charakter haben, bringt dir das aber meist keinen Vorteil und du solltest dir vielleicht einen eher Anbieter mit niedrigeren Gebühren suchen.

**Direktvertrieb über deine Webseite:** Bereits am Anfang des Buches wurde auf die Bedeutung einer professionellen Website zur Präsentation deines Angebotes hingewiesen. Hier auch einen Online-Shop zum Ticket-Verkauf einzubinden, macht natürlich Sinn. Damit hast du die maximale Kontrolle über den Vertrieb und sparst deinen Käufern die hohen Gebühren externer Ticketportale. Allerdings ist ein solides E-Commerce-System erforderlich und es fehlt die Sichtbarkeit und Reichweite, die größere Ticket-Plattformen bieten.

**Social-Media-Plattformen:** Angebote zum Ticketkauf über Facebook, Instagram oder ähnliche Netzwerke zu promoten macht durchaus Sinn. Ergänzt und unterstützt ein Post einerseits durch seine Direktheit und zielgruppenspezifische Ansprache deine Vertriebsaktivitäten, ist es aber nur ein zusätzlicher Informationskanal, denn Facebook und Co. sind keine Ticket-Portale.

**Reseller und Ticketbörsen:** Plattformen für den Wiederverkauf von Tickets können die Sichtbarkeit eines wenigstens überregional interessanten Angebotes durchaus erhöhen, allerdings befindet sich in diesem Bereich auch der Übergang in das dunklere Marktsegment, den Schwarzmarkt.

**Abendkasse:** Sie dient vor allem dem Verkauf von Rest-Tickets direkt am Veranstaltungsort. Ein Angebot, auf das du bei deinen Veranstaltungen keinesfalls verzichten solltest, um auch kurzentschlossene Besucher zufriedenstellen zu können und die letzten freien Plätze in deiner Location zu füllen.

Und warum sind Tickets an der Abendkasse oft teurer als im Vorverkauf?

Es ist ein kleiner Ansporn für deine Besucher, mit dem nächsten Ticket-Kauf nicht bis zur letzten Minute zu warten, denn nur ein solides Vorverkaufsvolumen nimmt dir die Nervosität und Furcht davor, dass dein Live-Konzert floppen könnte.

Unterschätze nicht die Wirkung eines grafisch anspruchsvoll gestalteten Hard-Tickets. In den zusätzlich zu diesem Buch angebotenen Anlagen, findest du einige individuell anpassbare Photoshop-Druckvorlagen als Anregung.

Menschen sammeln alles, auch Tickets und interessanter sind Tickets von selbst besuchten Live-

Konzerten, auf denen sich die Künstler mit einem Autogramm verewigt haben. Berücksichtige auch das bei der Festlegung deines Druckformats. DIN lang hoch oder quer (105x210mm) ist für den Druck eines Tickets mit Autogrammkarten-Charakter immer eine gute Wahl.

**Mailorder:** Mit dem Verschwinden der Quelle- und Neckermann-Kataloge ist auch der Verkauf über Telefon- und Bestellpostkarten aus der Mode gekommen. Aber einige Argumente sprechen dafür, diesen Vertriebskanal für den Verkauf deiner Konzert-Tickets heute wiederzubeleben. Zur Bestellung eines Tickets muss es nicht unbedingt ein handverfasster Brief sein, eine E-Mail tut es auch. Die Vorteile dieser Vertriebsart liegen klar auf der Hand. Es entstehen im Vergleich zu den Systemkosten der Online-Ticketportale deutlich niedrigere Portokosten und der Ticketkäufer kann sich an einem kunstvoll designten Hard-Ticket erfreuen, das dem sachlichen Outfit eines Print@Home-Tickets weit überlegen ist.

## 5.1.3 Mehr Tickets verkaufen

Es gibt verschiedene Strategien, wie du deinen Ticket-Verkauf steigern und den Umsatz maximieren kannst. Hier sind einige effektive Ansätze:

**Frühbucherrabatte:** Biete zeitlich begrenzte Rabatte für diejenigen Käufer an, die Tickets frühzeitig kaufen und schaffe damit für Interessenten einen Anreiz, Tickets sofort zu erwerben.

**Werbeaktionen:** Starte gezielte Werbekampagnen, um die Aufmerksamkeit potenzieller Käufer zu gewinnen. Nutze verschiedene Kanäle wie soziale Medien und E-Mail-Marketing, um deine Zielgruppe zu erreichen.

**Bundle-Angebote:** Biete Paketangebote an, bei denen Tickets mit anderen Produkten, wie Postern, CDs und

Freigetränken oder Dienstleistungen, wie der Teilnahme am Artist-Catering, kombiniert werden, um zusätzlichen Mehrwert zu schaffen und den Ticket-Verkauf zu unterstützen.

**Paketpreise:** 10er Tickets, Monats- oder das Angebot eines Jahrestickets wären hier Varianten, wenn du regelmäßig Konzerte veranstaltest.

**Exklusive Vorteile für Stammkunden:** Zeige Wertschätzung für deine treuen Konzert-Besucher, indem du ihnen besondere Privilegien oder exklusive Zugänge anbietest. Dadurch schaffst du Anreize für wiederkehrende Ticket-Käufe und unterstützt den Aufbau einer treuen Fangemeinde.

**Zusammenarbeit mit Partnern:** Kooperiere mit anderen Unternehmen oder Organisationen, die eine ähnliche Zielgruppe haben, um deine Reichweite zu vergrößern und gegenseitigen Nutzen zu schaffen. Das kann beispielsweise eine Kooperation mit der lokalen Brauerei oder einem Radiosender sein.

## 5.2 Sponsoring

Konzert- und Event-Sponsoring ist nach den Ticket-Erlösen ein weiterer Aspekt der Finanzierung, den du nicht außeracht lassen und zur Co-Finanzierung deiner Live-Konzerte nutzen solltest. Einen Sponsor für eine Konzert-Veranstaltung oder eine ganze Veranstaltungsreihe zu finden, fordert von dir aber auch wieder ein strategisch gut durchdachtes Herangehen und darüber hinaus Ausdauer und Verhandlungsgeschick.

Zunächst ist entscheidend, ein attraktives Sponsoring-Paket zu schnüren, das spezifisch auf potenzielle Partnerunternehmen zugeschnitten ist. Recherchiere also, wer als Sponsor für deine Veranstaltung überhaupt in Frage kommt – lokale Geschäfte, nationale Marken oder Firmen, mit denen du bei deinen Veranstaltungen vielleicht schon zusammenarbeitest oder zu denen du über Freunde und Bekannte relativ einfach einen persönlichen Kontakt herstellen kannst. Nutze dein persönliches

Netzwerk, besuche Branchenveranstaltungen und Fach-messen, um für deine Sponsoring-Pakete Interessenten zu finden.

Bevor du aber den ersten potenziellen Sponsor ansprichst, musst du eine fundierte Vorstellung davon haben, was dein Event als Plattform für die Werbung und Kundenbindung eines Sponsors zu bieten hat. Denn im Gegenzug erwarten alle Sponsoren mindestens die Möglichkeit visueller Präsenz und Marken-Exposition. Wenn es um ein größeres Sponsoring-Budget oder ein langfristiges Sponsoring geht, dann geht es auch um wirklich messbare Ergebnisse in Form von Leads, Verkaufszahlen oder sozialen Medieninteraktionen.

Es gilt also für dich zunächst zu erkennen und zu verstehen, wie deine Veranstaltung zur Erreichung der Ziele eines potenziellen Sponsors beitragen kann, bevor du in die Verhandlungen eintrittst und dann zu folgenden Themen Antworten parat haben solltest:

**Zielgruppe:** Du solltest nachvollziehbar darlegen können, dass es zwischen den Besuchern deiner Veranstaltung und der Zielgruppe des Sponsors eine relevante Schnittmenge gibt.

 Dein Live-Act ist z.B. in der Biker-Szene bestens bekannt? Dann könnte der örtliche Motorradhändler ein potenzieller Sponsor für dein Live-Konzert sein.

**Sichtbarkeit:** Sponsoren erwarten eine prominente Platzierung ihrer Marke, beispielsweise auf deinen Werbematerialien, auf deiner Website, in den sozialen Medien und am Veranstaltungsort selbst.

 Ein Bild sagt bekanntlich mehr als 1.000 Worte. Verschaffe dem potenziellen Sponsor einen visuellen Eindruck davon, wo und wie er sich im Rahmen deines Events präsentieren kann. Bedenke, dass dein Verhandlungspartner auch aus der Marketing-Abteilung des Sponsors kommen kann. Mit Handyfotos von deiner letzten Veranstaltung wirst du ihn kaum von deiner Idee überzeugen können. Du musst vielmehr zeigen, dass du dich um ihn als Sponsor ernsthaft bemühst und keinen Aufwand gescheut hast, ihm einen möglichst realitätsnahen Eindruck zur Wirkung seiner Präsentation zu verschaffen.

Organisiere im Vorfeld deines ersten Sponsorengespräches z.B. einen Fototermin mit einem Profi- oder ambitionierten Amateurfotografen und lasse Fotos deiner mit Werbedummies präparierten Location anfertigen. Ein paar Statisten machen die Fotos übrigens noch lebendiger.

Mit etwas weniger Aufwand lassen sich die von dir bereits eingesetzten oder geplanten, eigenen Werbemittel – Plakate, Flyer, Programmhefte, Social-Media-Posts- und dein Ticket-Design – beispielhaft so gestalten, dass die Möglichkeiten zur Positionierung der Sponsoring-Marke darin deutlich sichtbar werden.

**Exklusivitätsangebote:** Die Möglichkeit, der einzige Sponsor aus einer bestimmten Branche zu sein, kann ein wesentlicher Anreiz für ein Sponsoring sein.

Ganz sicher ein Thema, dass das Interesse des örtlichen Getränkehändlers, einer regionalen Privatbrauerei oder eines Autohändlers wecken kann.

Biete derartigen Sponsoring-Partnern an, bei deinen Live-Konzerten zukünftig den Getränkebedarf ausschließlich über ihr Produktangebot zu decken und sichere z.B. einem Autohaus zu, dass nur sie die von ihnen vertretenen Marken präsentieren und dass auch Vertreter anderer Auto-Marken garantiert ausgeschlossen sind.

**Kundenbindung:** Konzert-Besucher stellen eine ideale Zielgruppe zur Durchführung von Kundenumfragen und Produkttests dar. Sie repräsentieren ein segmentiertes Publikum, das in Erwartung deines Live-Konzertes in einer positiven und engagierten Grundstimmung ist. Die Besucher verbinden mit deiner Veranstaltung ein emotionales Erlebnis, welches ihr Antwortverhalten in Umfragen positiv beeinflussen und ihre Offenheit gegenüber Produkttests steigern kann. Der unmittelbare Kontext einer Live-Veranstaltung, bei der Besucher in der Regel in einer von Alltagsproblemen abgeschotteten und empfänglichen Stimmung sind, erhöht die Response-Rate und kann wertvolle Erkenntnisse über das ungesteuerte Verhalten und die natürlichen Reaktionen der Zielgruppe liefern.

Für deinen Sponsor also ein perfektes Umfeld, um direktes Feedback zu seinen Produkten und der Wirkung seiner Werbebotschaften zu erhalten oder Daten zur Kundenzufriedenheit und zu Konsumgewohnheiten zu sammeln.

Biete deinem Sponsoring-Partner z.B. die Möglichkeit zur kostenfreien Platzierung eines Promo-Standes im Eingangsbereich deiner Location oder ermögliche ihm den Einsatz eines Promotions-Teams im Foyer, um dein Publikum vor Ort direkt anzusprechen. Ein von dir zusätzlich initiiertes Anreizsystem, beispielsweise die Verlosung von Merchandise-Artikeln oder Ticket-Rabatten für zukünftige Konzerte, kann die Teilnahmebereitschaft an den Befragungen der Besucher und damit die Effizienz der Aktion für deinen Sponsor steigern.

Wichtig ist aber, dass die Maßnahmen nicht aufdringlich wirken und den Charakter des Events nicht stören.

Auch und gerade, weil es beim Sponsoring um die Schaffung einer Win-Win-Situation geht, basiert ein erfolgreicher Sponsorship-Deal immer auf einem klaren Verständnis der gegenseitigen Erwartungen und einem vertraglichen Rahmen, der die Details der Partnerschaft eindeutig festlegt. In den zusätzlichen Anlagen findest du deshalb auch ein Muster eines Sponsorenvertrages.

## 5.3 Fördermittel

Eine weitere Möglichkeit, deine Live-Veranstaltungen finanziell abzusichern ist die Nutzung von Fördergeldern.

In Deutschland existieren zahlreiche Förderprogramme, die darauf ausgerichtet sind, das kulturelle Leben auch durch die Unterstützung von Live-Musik zu bereichern. Diese Programme stammen aus verschiedenen Quellen wie Bundes- und Landesministerien, Kulturämtern, Stiftungen sowie aus der Musikindustrie selbst und zielen darauf ab, eine vielfältige Musiklandschaft zu erhalten.

Die potenziellen Fördervoraussetzungen variieren je nach Programm, doch in der Regel ist eine klare kulturelle Zielrichtung wichtig. Gefördert werden tendenziell Projekte, die einen starken kulturellen Beitrag versprechen, beispielsweise durch die Förderung regionaler Talente, musikalischer Vielfalt oder durch ihre Funktion als Bildungsplattform. Auch Nachhaltigkeit und Inklusion können relevante Förderkriterien sein.

Aber Achtung: Veranstaltungen, die kommerziell ausgerichtet sind und hohe Gewinne erwarten lassen, sind oft von der Förderung ausgeschlossen.

Ob eine Veranstaltung förderfähig ist, wird in der Regel über den Nachweis der Erfüllung der jeweils spezifischen Förderrichtlinien, die diesen Programmen zugrunde liegen, beurteilt. Dazu gehören ausformulierte Konzepte, die die künstlerische und organisatorische Planung darlegen, eine detaillierte Kostenaufstellung sowie ein fundierter Finanzierungsplan. Häufig muss im Beantragungsprozess auch im Einzelnen nachgewiesen werden, welchen konkreten Beitrag die Veranstaltung zur kulturellen Bereicherung der Gemeinschaft leistet und wie die Zugänglichkeit und Teilhabe verschiedener Bevölkerungsgruppen sichergestellt ist.

Die Geldgeber sind ebenso vielfältig wie deren Motivationen. Alle öffentlichen Förderungen, ganz gleich ob durch Bund, Länder oder Gemeinden, verfolgen das Ziel, das kulturelle

Angebot zu demokratisieren und für alle Bürger zugänglich zu machen. Kulturämter sehen die Förderung auch als Bestandteil der städtebaulichen Entwicklung und der kulturellen Bildung an. Stiftungen und Organisationen der Musikindustrie haben oft das Ziel, spezielle Genres oder Künstlergruppen zu unterstützen, um die Vielfalt und Innovation der Branche zu fördern. Ihre Motivation liegt häufig in der langfristigen Entwicklung des musikalischen Lebens in Deutschland sowie in der Förderung von kultureller Bildung und sozialer Inklusion.

Im Einklang mit den Fördermotivationen sind die Anforderungen an Transparenz und Rechenschaft der geförderten Projekte hoch. Als Antragsteller und Veranstalter musst du häufig detaillierte Berichte über die Verwendung der Fördermittel und die erreichten Ergebnisse vorlegen. So soll sichergestellt werden, dass die Mittel tatsächlich im Sinne der Förderziele eingesetzt wurden und zur Erreichung der angestrebten kulturellen und sozialen Wirkung tatsächlich beigetragen haben.

 Auch wenn du den administrativen Aufwand zur Beantragung und Abrechnung von Fördermitteln nicht unterschätzen solltest, lohnt es, die Augen nach geeigneten Programmen ständig offen zu halten.

## 6. Eintrittsfreie Konzerte sind eine Chance

In diesem Kapitel kommen wir nochmal zurück zur Frage: Wie komme ich als Veranstalter zu meinem ersten Job?

Über verschiedene Wege, Mühen und Risiken, die dich zu deinem ersten Live-Konzert als selbstständigen Veranstalter führen, haben wir schon an anderen Stellen des Buches gesprochen und auch darauf hingewiesen, die eigenen Honorarerwartungen besonders am Anfang deiner Karriere nicht zu hochzuschrauben. Es braucht in erster Linie Gelegenheiten, um seinen Platz in der Branche zu finden, Fehler und eigene Erfahrungen zu machen, um dann eines Tages ein wirklich erfolgreiches Konzept für seine Veranstaltungen entwickeln zu können. Nichtkommerzielle Konzerte und Veranstaltungen zu organisieren kann auf diesem Weg ein weiterer Baustein sein.

Eintrittsfreie Konzerte oder Benefiz-Konzerte werden häufig aus karitativen Anlässen oder zur Unterstützung sozialer Projekte veranstaltet. Sie bilden einen besonderen Bereich in der Veranstaltungs- und Konzert-Welt, da diesem Format ein altruistischer Ansatz zugrunde liegt und es damit im Kontrast zu kommerziellen Konzerten steht, deren primäres Ziel in der Erzielung wirtschaftlichen Profits liegt.

Aber was kann dich als Veranstalter oder Künstler motivieren, ein Konzert ohne Aussicht auf Gewinn oder Honorar zu organisieren oder zu spielen? Welche Chancen bietet dir diese Art von Live-Konzert?

Die Hauptmotivation liegt für alle Unterstützer und Mitwirkenden bei der Umsetzung eines solchen Projekts in der Absicht, Aufmerksamkeit für eine bestimmte Sachlage zu erzeugen und finanzielle Mittel für einen wohltätigen Zweck zu generieren. Anders als bei kommerziellen Veranstaltungen wird der Erfolg bei Benefiz-Konzerten nicht in erster Linie anhand des erzielten wirtschaftlichen Ergebnisses als vielmehr an der Öffentlichkeitswirkung und der generierten Spendensumme gemessen. Themen, die es wert sind, mit Hilfe einer Benefiz-Veranstaltung unterstützt zu werden, lassen sich problemlos finden. Die beste Voraussetzung dafür, dass ein Benefiz-Konzert von vielen Menschen besucht und unterstützt wird, ist ein Thema mit möglichst hohem gesellschaftlichem Interesse. Ob es um die Unterstützung der Opfer von Naturkatastrophen, wie beispielsweise den in Deutschland von Überschwemmungen betroffenen Menschen, die Hilfe für Obdachlose oder die dringend notwendige Verbesserung im Bereich der Jugend- und Altenhilfe geht, um nur drei seit Jahren unterstützungsbedürftige Themen zu nennen, finden viele weitere Themen breiten Zuspruch und hohe Akzeptanz in unserer Gesellschaft.

Benefiz-Konzerte stoßen vor allem im Nachwuchs- und Amateur-Bereich häufig auf besonderes Interesse. Nachwuchs-Bands und junge Künstler ergreifen hier gerne die Gelegenheit, sich auf einer Bühne vor Publikum zu präsentieren und endlich die heimische Garage zu verlassen. Als Gegenleistung für die gebotene Auftritts-Chance verzichten sie auf ihr Honorar. Für dich eine gute Gelegenheit, den regionalen Nachwuchs kennenzulernen und einen Einstieg in die Szene der Live-Musiker und Bands deiner Region zu finden.

Warum also solltest du das als junger Veranstalter nicht auch für dich als Einstiegs-Chance nutzen? Dafür gibt es kein vernünftiges Argument, stellen Benefiz-Konzerte doch eine gute Möglichkeit dar, sich auszuprobieren und erste Erfahrungen bei der Planung, Organisation und Durchführung einer öffentlichen Veranstaltung zu sammeln. Wie gesagt, bei Benefiz-Veranstaltungen geht es nicht um die Erwirtschaftung eines monetären Gewinns, sie sind nichtkommerziell und das bedeutet auch, dass du als Veranstalter einem deutlich geringeren wirtschaftlichen Erfolgsdruck unterliegst, was dir die Möglichkeit bietet, unbeschwerter zu agieren.

Doch auch die Durchführung eines nichtkommerziellen Konzerts bedarf professioneller Arbeit in allen Bereichen und es fallen auch hier, wie bei kommerziellen Konzerten, Kosten an. Dazu gehören z.B. Ausgaben für Mieten für den Veranstaltungsort, technisches Equipment, Security, Werbung und jede Menge administrativer Aufwand. Bei der Auswahl der benötigten Dienstleister besteht aber die Chance auf ermäßigte Konditionen, wenn sie die Botschaft und das Anliegen der Benefiz-Veranstaltung selbst mittragen und bereit sind, diese zu unterstützen. Dadurch kann sich die Kostenstruktur eines Benefiz-Konzertes sehr wesentlich von der einer kommerziellen Veranstaltung unterscheiden und das erleichtert dir, wenn du die richtigen Dienstleistungspartner findest, die Vertrags- und Preisverhandlungen.

Prinzipiell unterscheidet sich aber die Vorbereitung, Organisation und Durchführung einer kommerziellen von einer nicht-kommerziellen Veranstaltung für dich als Veranstalter nur in wenigen Punkten. Der wesentlichste dabei ist, dass du dich weder um die Kalkulation von Eintrittspreisen noch um den Ticket-Verkauf kümmern musst. Die Mittelbeschaffung verlagert sich hier in das Vorfeld des Konzerts und besteht in der Akquise von Spendern, Sponsoren und Fördermittelgebern. Eine hervorragende Gelegenheit für dich, dein Netzwerk mit musikinteressierten Geldgebern zu erweitern.

Die aktive Mitwirkung an einem Benefiz-Konzert ermöglicht dein Engagement für eine gute Sache mit der zu erwartenden positiven medialen Resonanz und der damit verbundenen besseren Wahrnehmung deiner Person als Organisator zu verbinden. Ein guter Weg, um eine emotionale Bindung zu deinem Publikum zu schaffen.

 Was in diesem Zusammenhang oft vergessen wird, sind die GEMA und GVL-Gebühren, die auch dann anfallen, wenn ein Konzert eintrittsfrei ist. Auch diese öffentlichen Veranstaltungen musst du bei der GEMA rechtzeitig anmelden. Die Grundlage zur Berechnung der Gebühren wechselt hier von den bei kommerziellen Konzerten üblichen Veranstaltungs-/Ticket-Erlösen zu den Veranstaltungskosten, die auch ein Benefiz-Konzert verursacht. Da die Finanzierung dieser Kosten über Spenden und Sponsorengelder erfolgt, erhöht sich die zur Be-

rechnung der GEMA/GVL-Gebühren heranzuzie-
hende Basis um 7 Prozent, wenn während der Benefiz-Veranstaltung GEMA-pflichtige Werke zur
Aufführung kommen.

Informiere dich rechtzeitig, welcher GEMA-Tarif für
deine Veranstaltung Anwendung findet.

## 7. Du bist mutig, aber nicht verrückt

Es ist so weit, du hattest eine wirklich tolle Konzert-Idee und all deinen Mut zusammengenommen, um nach einer Möglichkeit zu suchen, deinen Traum von einem selbst veranstalteten Live-Konzert umzusetzen.

 Um die Vielzahl der Aufgaben, die es bei der Planung und Durchführung eines Live-Konzertes zu berücksichtigen gilt, stets sicher im Blick zu behalten, unterstützt dich meine Checkliste zur Veranstaltungsplanung, die ich dir im Paket der zusätzlichen Anlagen in zur Verfügung stelle. Damit vergisst du keinen der notwendigen Schritte und hast alle zu erledigenden Aufgaben sicher im Blick und das auch dann, wenn du einzelne Aufgaben an Mitarbeiter oder Dienstleister übertragen hast.

Deine Bemühungen wurden belohnt und du hast den ersten kleinen Erfolg eingefahren – deine Wunsch-Band hat Interesse gezeigt. Sie haben deine Terminanfrage mit der Zusendung ihres Konzertvertrages bestätigt.

Eine geeignete Location hattest du schon vorher gefunden und für das geplante Konzert reserviert. Auch mit der Technik ist so weit alles besprochen und das Veranstaltungs-Team steht ebenfalls schon fest, denn deine Freunde unterstützen dich bei deinem ersten Live-Konzert und die gute Nachricht dabei ist: Sie tun das kostenlos. Auch beim Catering kannst du mit niedrigen Kosten rechnen, denn deine Freundin wird für die Künstler und die Crew in der heimischen Küche dein Lieblingsgericht bereiten.

Aber **HALT!**

Bevor deine Idee Realität werden kann, musst du dich noch mit etwas sehr Bodenständigem auseinandersetzen: der Finanzplanung. Es nicht zu tun, wäre wirklich verrückt und könnte für dich zu sehr unangenehmen Konsequenzen führen.

Auch in der Welt der Live-Konzerte sind präzise Gewinn und Verlust-Berechnungen unumgänglich, um tragfähige Entscheidungen zu treffen und die Rentabilität deiner Veranstaltung sicherzustellen. Wie schon in den letzten Kapiteln deutlich wurde, stellen die Kenntnis aller Kosten und die Kalkulation der Ticket-Preise einen entscheidenden Faktor für den wirtschaftlichen Erfolg deines Live-Konzerts dar. Ohne eine detaillierte Planung der Ausgaben und eine verlässliche Prognose der Einnahmen begibst du dich als Veranstalter auf sehr dünnes Eis, das, wenn es bricht, für dich im schlimmsten Fall zu einem finanziellen Desaster führen kann.

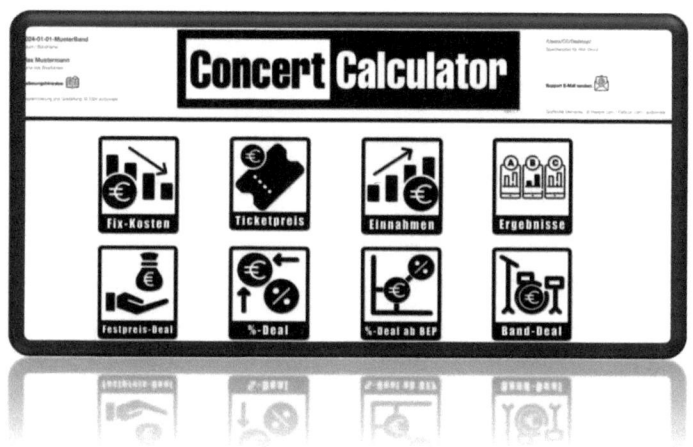

*Abbildung 2 - Dashboard des ConcertCalculators*

Hier setzt der ConcertCalculator an. Ein leistungsstarkes Werkzeug, das von mir speziell für die Anforderungen der Live-Konzertbranche entwickelt wurde. Als Excel-basiertes Kalkulationstool dient es dir dazu, lückenlos alle anfallenden Kosten zu erfassen und keinen wesentlichen Bestandteil zu übersehen. Es reicht nicht aus, nur die fixen Kosten wie Raummiete, Künstler-Gagen oder die Kosten für Sicherheitspersonal in Betracht zu ziehen. Der ConcertCalculator bezieht auch flexible Kosten wie GEMA-Gebühren, KSK-Abgaben und bei der

Verpflichtung ausländischer Künstler sogar die dann von dir an das BZSt abzuführende Ausländersteuer in die Kostenrechnung mit ein. Fast automatisch, mit nur wenigen Klicks, wird die Höhe der durch deine Veranstaltung entstehenden Gebühren- und Steuerpflichten ermittelt und in allen weiteren Berechnungen berücksichtigt.

Dies führt direkt zum nächsten kritischen Punkt: der Festlegung des Ticketpreises. Auf Grundlage aller von dir erfassten Daten und Informationen unterbreitet dir der ConcertCalculator dazu einen automatischen Vorschlag. Du erfährst wie viele Tickets du bis zur Erreichung des Break-Even-Points – dem Punkt, an dem deine Einnahmen deine Ausgaben decken – verkaufen musst und wie sich die System- und Paymentkosten einiger ausgewählter Online-Ticketportale auf den Verkaufspreis eines E-Tickets für deine Ticket-Käufer auswirken. Bei aller Unterstützung und Automatik, die dir das Tool bietet, hast du natürlich immer die Möglichkeit, ins Kalkulationsgeschehen manuell einzugreifen, um letzten Endes einen Ticketpreis festzulegen, der sowohl wettbewerbsfähig als auch rentabel ist. Das Tool bietet dir zusätzlich die Flexibilität, Szenarien bei verschiedenen Preispunkten mit geringstem Aufwand durchzurechnen, um so fast spielerisch zu einer ausgewogenen und fundierten Preis-Entscheidung zu kommen.

Ein weiteres Feature des ConcertCalculators besteht in der Möglichkeit, unterschiedliche Honorar-Vereinbarungen, die du bereits in Punkt 4.2 kennengelernt hast, kalkulatorisch abzubilden. Jeder Künstler hat individuelle Vorstellungen von seinem Honorar, die von einer geforderten Fix-Gage bis hin zu unterschiedlichen Varianten prozentualer Teilung der Veranstaltungseinnahmen reichen. Das Kalkulations-Tool berücksichtigt diese unterschiedlichen, vertraglichen Konstellationen und berechnet unter Einbeziehung der jeweiligen Variablen sowohl die Honorare als auch dein wirtschaftliches Ergebnis als Veranstalter. Ergänzt wird das Ganze durch die Berechnung aller darauf anfallenden Steuern und Gebühren. Ein Ergebnisvergleich der unterschiedlichen Vereinbarungsvarianten unterstützt dich bei den Honorar- und Vertragsverhandlungen mit den Künstlern oder Agenturen. Blitzschnell kannst du Vertragsangebote prüfen, oder Dank des im Tool enthaltenen Formularwesens eigene Vorschläge erarbeiten und ausdrucken oder als PDF-Datei an deinen Verhandlungspartner versenden.

Wenn sich dann nach einem anstrengenden Tag die Müdigkeit breit macht und die Konzentration bei allen Akteuren langsam nachlässt, kommt die Stunde der Wahrheit. Lange nachdem der letzte erloschene Spot die Bühne in Dunkelheit getaucht hat und das Publikum längst auf dem Weg nachhause ist, genau dann findet oft die Endabrechnung der Honorare mit dem Tour-Manager oder direkt mit den Künstlern statt. Hier zeigt der ConcertCalculator seine wahre Stärke. Mit der Eingabe der über dein Online-Ticket-Portal, an deinen Vorverkaufskassen und an der Abendkasse tatsächlich realisierten Ticket-Verkäufen, also mit nur drei Zahlen, ist die Honorarabrechnung blitzschnell fertig und du kannst sie schwarz auf weiß ausdrucken.

 In Deutschland erfordert gerade die Honorarabrechnung ein besonderes Augenmerk auf Steuern und Sozialabgaben. Nicht selten führen hier einfache Abrechnungsfehler zu möglichen Belastungen, die den profitablen Ausgang deines Konzerts noch im Nachhinein gefährden können. Der ConcertCalculator ist so konzipiert, dass er diese spezifischen Anforderungen der deutschen Steuergesetzgebung bei der Kalkulation und Endabrechnung der Gagen berücksichtigt.

Der ConcertCalculator ist nicht nur ein technisches Hilfsmittel. Er stellt vielmehr die Brücke zwischen deiner kreativen Vision und den wirtschaftlichen Notwendigkeiten her. Er bietet dir Sicherheit gerade auch dann, wenn es hektisch wird. Mit seinem umfassenden Ansatz kann der ConcertCalculator maßgeblich dazu beitragen Fehler zu vermeiden, um so dein wirtschaftliches Veranstaltungsrisiko zu minimieren und damit einen soliden Grundstein für deinen Erfolg zu legen.

## 8. Deinen Erfolg nicht dem Zufall überlassen

Nachdem der letzte Ton der Zugabe gespielt und der Applaus des Publikums verstummt ist, mag der Außenstehende im Glauben sein, dass deine Arbeit als Veranstalter nun beendet ist. Doch der wahre Profi weiß: Jetzt fängt die eigentliche Arbeit erst an.

Eine gewissenhafte Nachbereitung jedes Live-Konzerts ist für dich als Veranstalter von unschätzbarem Wert, um aus Erfahrungen zu lernen, Prozesse kontinuierlich zu optimieren, um die nächste Veranstaltung noch attraktiver und noch erfolgreicher zu gestalten. Es geht also darum zu verstehen, was gut gelaufen ist und was besser gemacht werden kann – eine Investition in die Zukunft, die oft einen direkten Einfluss auf deine Reputation als Veranstalter hat.

Welche Aspekte solltest du dabei kritisch hinterfragen?

**Publikumszufriedenheit:** Deine Konzerte leben vom Zuspruch des Publikums. Genau zu wissen, was die Besucher empfunden haben, was gefallen hat und was nicht, das ist für dich ein wahrer Schatz, der gehoben werden muss. Denn nur zufriedene Besucher sind oft auch wiederkehrende Besucher.

**Künstler-Feedback:** Künstler nach ihren Eindrücken zu befragen und um Hinweise zu bitten, wo sie noch Verbesserungspotential sehen, bringt dir gleich zwei Effekte. Die Künstler fühlen sich wahr- und ernstgenommen, wenn du sie um eine Beurteilung deiner Veranstaltung bittest. Und du bekommst Informationen aus einem ganz anderen Blickwinkel als von deinem Publikum und deinem Team. Sind die Künstler zufrieden und hat ihnen deine Veranstaltung gefallen, kommen sie ganz sicher gerne wieder.

 Hast du schon mal daran gedacht, dein Publikum und deine Künstler zu einer deiner Veranstaltungen zu befragen? Zeit dafür gibt's vor und nach dem Konzert meist genug.

> Gib kleine Fragebögen aus. Frage dabei aber keine persönlichen Daten, wie Namen, Geburtstage oder Wohnadressen ab, das erhöht die Akzeptanz deiner Umfrage und du gerätst nicht mit dem Daten-schutz (DSGVO) in Konflikt.

**Finanz-Analyse:** Eine präzise Abrechnung gibt Aufschluss darüber, ob das Budget eingehalten wurde und welche Posten ggf. unterschätzt oder überschätzt wurden. Unvorhergesehene Kosten müssen unbedingt analysiert und zukünftig entweder eingeplant werden, wenn du sie nicht durch geeignete Maß-nahmen bei deinem nächsten Live-Konzert vermeiden kannst.

**Lieferanten- und Partnerbewertung:** Das Verhalten, die Zuverlässigkeit und die Leistung von Dienstleistern vor Ort zu bewerten, ist unerlässlich, um die Qualität zukünftiger Live-Veranstaltungen sicherzustellen und bilden eine gute Grund-lage für auswertende Gespräche mit den Anbietern. Du soll-test mit den Firmen zumindest von Zeit zu Zeit solche Gesprä-che führen. Nichts ist in diesem Geschäft so schnell vergessen, wie die letzte Show und auch Dienstleister freuen sich neben einer pünktlich bezahlten Rechnung über persönli-chen Dank und Anerkennung.

> Wenn du bei deiner eigenen Veranstaltungsaus-wertung allerdings auf akute Probleme mit einzel-nen Gewerken stoßen solltest, wenn du nicht zu-frieden warst oder andere Vorstellungen von der eingekauften Leistung hattest, solltest du damit nicht lange hinter den Berg halten und mit den Be-treffenden kurzfristig unbedingt ein klärendes Ge-spräch führen.

**Teamleistung:** Ein Rückblick auf die Teamdynamik und -leis-tung hilft dir dabei, Stärken und Schwächen innerhalb der Gruppe zu identifizieren. Das hilft dir, gezielt auf die Reduzie-rung von Schwachstellen einzuwirken und alle Aufgaben an tatsächlich dafür geeignete Mitwirkende zu übertragen.

Nach der Veranstaltung ist das Erlebte noch frisch und sollte von deinen Mitarbeitern kurz schriftlich festgehalten werden, um nicht in Vergessenheit zu geraten.

Um deine Team-Gespräche effektiv vorbereiten zu können, liefert dir mein Team-Fragebogen eine gute Grundlage.

**Logistische und organisatorische Abläufe:** Schließlich sollte die Effizienz aller Prozesse von der Planung über die Vorbereitung, bis hin zur Durchführung deiner Veranstaltung immer hinterfragt werden. Hier verbergen sich oft Potenziale zur Optimierung. Es geht um Aufwands- und Kostenreduzierung, um so die gesamte Prozesseffizienz steigern zu können.

Ein gemeinsames Meeting mit deinem Veranstaltungsteam, ein paar Tage nach dem Konzert oder in regelmäßigen Abständen, ermöglicht dir einerseits deren Blickwinkel zu den o.g. Aspekten einzufangen und dadurch einen umfassenden Überblick zu erhalten. Andererseits gibt es dir auch die Chance, dich bei deinen Unterstützern persönlich zu bedanken und sie zur weiteren engagierten Mitarbeit bei deinen nächsten Veranstaltungen zu motivieren.

Alle so gesammelten Daten, Berichte, Feedbacks und wirtschaftlichen Auswertungen sollten kurz schriftlich dokumentiert und von dir archiviert werden. Diese Unterlagen dienen dir als Grundlage für die Planung nachfolgender Veranstaltungen und du schaffst dir damit deinen eigenen Wissensschatz.

Professionelles Vorgehen bei der Nachbereitung hilft nicht nur dabei, die Qualität und Wirtschaftlichkeit deiner Veranstaltungen kontinuierlich zu verbessern, sondern schafft auch eine Kultur der Reflexion und des ständigen Bestrebens nach Exzellenz innerhalb deines Teams. So kannst du als Veranstalter sicherstellen, dass jedes Live-Konzert nicht nur zufällig ein einmalig positives Erlebnis, sondern ein solider Baustein für deinen langfristigen Erfolg ist.

Deine Social-Media-Kanäle verlangen ständig nach neuem Content. Warum also nicht nach jeder Veranstaltung einen mit Fotos unterlegten Konzert-Review veröffentlichen?

Konzertberichte sind nicht nur schöne Erinnerungen für die, die dabei waren, sie machen auch andere neugierig auf dein nächstes Live-Konzert.

Vielleicht findest du in deinem Team oder unter deinen regelmäßigen Konzertbesuchern jemanden, der sich dieser Aufgabe annimmt.

# 9. Glossar

Diese Glossareinträge decken mit ihren kurzen Definitionen verschiedene Aspekte der Konzertplanung und -durchführung ab und verbessern das Verständnis der Begrifflichkeiten, die bei Live-Konzerten entscheidend sein können.

**Access All Areas (AAA):** Eine Art Pass, der dem Besitzer uneingeschränkten Zugang zu allen Bereichen des Veranstaltungsortes während eines Konzerts gewährt.

**Aftershow-Party:** Eine Veranstaltung nach dem Hauptkonzert - meist für VIPs, Künstler und Crew als Ort des Networking und Ausklangs des Abends.

**Age of Majority:** Alter, ab dem eine Person voll geschäftsfähig und rechtsfähig ist; relevant für Konzertbesucher und Altersbeschränkungen.

**All-Ages-Show:** Ein Konzert ohne Altersbeschränkung, das für Besucher aller Altersgruppen zugänglich ist.

**Backdrop:** Als visueller Hintergrund der Bühne, oft angepasst an das Image der Band oder das Konzept des Konzerts, zeigt zumeist ein Logo.

**Backline:** Die Gesamtheit der auf der Bühne benötigten Instrumente und Verstärker, exklusive der PA-Anlage (siehe unter PA).

**Backstage:** Nichtöffentlicher Bereich hinter oder neben der Bühne, der Künstlern, Crew und zumeist geladenen Gästen vorbehalten ist.

**Backstage-Pass:** Eine Zugangsberechtigung, die bestimmte Personen hinter die Bühne kommen lässt - meist begrenzt auf die Band, Crew und ausgesuchte Gäste.

**Break-Even-Point:** Der Punkt, an dem die Veranstaltungseinnahmen aus Kartenverkauf, Sponsoring, Fördermitteln und ggf. erzielten Einnahmen aus der Gastronomie die Gesamtkosten der Veranstaltung decken.

**Booker:** Ein wahres Organisationstalent, das entweder im Auftrag eines Künstlers arbeitet und ihm Auftrittsmöglichkeiten verschafft, oder er arbeitet im Auftrag von Klubs, Festivals oder Veranstaltern und besorgt Künstler zur Ausgestaltung des Programms.

**Busking:** Straßenmusik, kann auch als Promotion-Aktion für ein späteres Live-Konzert wirkungsvoll eingesetzt werden.

**Buy-Out:** Ist grundsätzlich eine Vertragsklausel, die eine Pauschalabgeltung für eine urheberrechtlich relevante Leistung vorsieht. Der Begriff wird aber auch im Zusammenhang mit den Angeboten einer Pauschalabgeltung für Catering oder Übernachtung verwendet, sollte der Veranstalter nicht selbst für die Versorgung und Übernachtung des Künstlers sorgen.

**Catering:** Die Organisation und Bereitstellung von Speisen und Getränken für Künstler, Crew und ggf. VIP-Gäste.

**Catering-Rider:** Teil des Konzert-Vertrages, der spezielle Anforderungen an die Versorgung des Künstlers mit Speisen und Getränken auflistet. Besonders zu beachten sind darin u.U. genannte Unverträglichkeiten.

**Center-Stage:** In der Live-Musikszene bezeichnet dieser Begriff bei Festivals oder Veranstaltungen mit mehreren Bühnen, die Hauptbühne.

**Change over:** Die Umbauphase zwischen den Auftritten verschiedener Bands bei einem Konzert oder Festival.

**Co-Headliner:** Künstler, der unmittelbar vor dem Headliner (Main-Act) spielt. Der Begriff findet bei Festivals oder Konzerten mit mehreren Künstlern Anwendung.

**Crew:** Die Gruppe von Fachleuten, die hinter den Kulissen arbeitet, um ein Konzert durchzuführen.

**Crowd-Management:** Maßnahmen und Strategien zur Steuerung und Sicherheit der Besuchermassen.

**Curfew:** Der Zeitpunkt, zu dem der Abbau und die Verladung der Backline und der Instrumente abgeschlossen sind und die Band abfahrbereit ist.

**Day-Sheet:** Ein Zeitplan für alles, was am Tag des Konzerts geschehen soll.

**Dead-Spot:** Ein Bereich im Konzertsaal oder Open-Air-Gelände, in dem die Akustik schlecht ist und der Sound dumpf klingt oder ganz verloren geht.

**Decibel (dB):** Einheit zur Messung der Lautstärke. Bei Konzerten sind geltende DIN-Normen zu beachten, um Hörschäden zu vermeiden. Innerhalb jeder halben Stunde darf während eines öffentlichen Konzertes der Dauerschallpegel von 99 db(A) nicht überschritten werden. 135 db dürfen zu keinem Zeitpunkt des Konzerts überschritten werden. Erreichen Konzerte einen Dauerschallpegel von 95 oder mehr db, ist der Veranstalter verpflichtet den Besuchern kostenlos Gehörschutz (Ohrstöpsel) zur Verfügung zu stellen.

**Demoparty:** Ein Treffen, bei dem technische Möglichkeiten des Equipments vorab präsentiert werden.

**Doors-Open:** Der Zeitpunkt, ab dem Zuschauer Zugang zum Veranstaltungsort haben.

**Early-Entry:** Ermöglichung des Zugangs zum Konzertort vor dem offiziellen Einlassbeginn für spezielle Ticketinhaber.

**E-Ticket:** Eine elektronische Form des Tickets, oft via E-Mail zugestellt und mittels Smartphones beim Einlass vorzeigbar zu scannen.

**Event:** Oberbegriff für eine Veranstaltung (z.B. Konzert, Theateraufführung, Gala-Show, Fußballspiel usw.).

**FoH (Front of House):** Mischpultbereich, von dem aus Licht und Sound für das Publikum gesteuert werden.

**GEMA-Gebühren:** Gebühren, die für die Aufführung von urheberrechtlich geschützter Musik an die Gesellschaft für musikalische Aufführungs- und mechanische Vervielfältigungsrechte (GEMA) zu entrichten sind.

**Get-In:** Bezeichnet den Zeitpunkt des Eintreffens der Band/Crew am Veranstaltungsort.

**Gig:** Aus dem Englischen entlehnte und international verbreitete Bezeichnung für einen Auftritt.

**Green-Room:** Ein meist angenehm eingerichteter Warte-/Pausenraum für Künstler, bevor sie auf die Bühne gehen.

**Guest-List:** Liste mit Namen von Personen, die kostenlos oder mit besonderen Privilegien Zugang zum Event erhalten. Umgangssprachlich in Deutschland auch als „Gäli" bezeichnet.

**House-Music:** Musik, die über das PA-System (siehe unter PA) bevor das Konzert beginnt oder während der Pausen, gespielt wird.

**Headliner:** Haupt/Main-Act eines Konzerts, in der Regel die bekannteste oder letzte Band des Konzertabends.

**Hospitality-Rider:** Teil des Konzert-Vertrages, der sich speziell mit den Anforderungen an die Bewirtung und Hotel-Anforderungen der Künstler befasst. Hier können außerdem Details zu Anzahl und Ausstattung der Künstlergarderoben bzw. des Backstage-Bereiches definiert werden. Ebenso kann dieser Rider An- und Abreiseinformationen und Festlegungen zu Sicherheitsmaßnahmen beinhalten.

**Jumper:** Teil der Security oder Crew, der darauf achtet, ob Besucher über Absperrungen springen.

**Line-Check:** Überprüfung der Signalleitung jedes Instruments und Mikrofons vor dem Konzert.

**Line-Up:** Liste mit der Reihenfolge und den Uhrzeiten der auftretenden Künstler bei einem Konzert oder Festival.

**Load-In:** Entladung und anschließender Aufbau von Instrumenten, Ausrüstung, Bühnen- und Veranstaltungstechnik vor einem Konzert.

**Load-Out:** Abbau und Verladung von Instrumenten, Ausrüstung, Bühnen- und Veranstaltungstechnik nach einem Konzert.

**Local-Crew:** Veranstaltungspersonal vor Ort, das für Auf- und Abbau sowie für diverse organisatorische Aufgaben eingesetzt wird.

**Local-Heros:** Nichtkommerzielles Netzwerk junger Nachwuchsbands und -künstler. Bezeichnet auch einen in mehreren europäischen Staaten ausgetragenen Bandwettbewerb. Wird umgangssprachlich als Bezeichnung für den ambitionierten, musikalischen Nachwuchs der Region verwendet.

**Location:** Bezeichnet den geografischen Ort, an dem ein Event stattfindet.

**Meet and Greet:** Eine Veranstaltung, bei der Fans die Möglichkeit haben, die Künstler persönlich zu treffen.

**Merchandise:** Verkauf von Fanartikeln wie T-Shirts, CDs und Postern während des Konzerts. Wird auch kurz als „Merch" bezeichnet.

**Mixtape:** Eine Auswahl von Musikstücken, die von Bands oder DJs zusammengestellt und oft als Werbematerial genutzt wird.

**Mosh-Pit:** Bereich unmittelbar vor der Bühne, in dem oft besonders energisch getanzt und gepogt wird.

**Mucke:** In der Jugendsprache benutztes Synonym für „Musik".

**Mugge:** Dieser Begriff stammt aus dem Jargon deutschsprachiger Musiker und steht für ein „Musikalisches-Gelegenheits-Geschäft", bzw. einen einzelnen Auftritt.

**Nightliner:** Großer Bus, ausgestattet wie ein Hotel, der die Künstler und ihre Crew während einer Tournee von einem Auftrittsort zum nächsten transportiert.

**No-Show:** Personen, die trotz vorhandener Tickets nicht zum Konzert erscheinen.

**Noise-Curfew:** Eine festgelegte Uhrzeit, nach der keine laute Musik mehr gespielt werden darf, um z.b. Anwohner nicht zu stören.

**Open-Air:** Ein im Freien stattfindendes Konzert.

**Opener:** Die Band, die den Konzertabend/das Festival eröffnet.

**PA (Public Address) System:** Die Tonanlage eines Veranstaltungsortes, über die das Publikum beschallt wird.

**PAX:** Maßeinheit für Passagiere oder Gäste. Stammt aus dem Luftfahrt-Jargon, findet auch im Gastgewerbe Anwendung.

**Photopass:** Eine Berechtigung, die es Fotografen erlaubt, während des Konzerts Bilder zu machen.

**Pit:** Der Bereich direkt vor der Bühne, oft abgetrennt für Fotografen oder Security.

**Production-Manager:** Person, die für die logistische und technische Durchführung des Konzerts verantwortlich ist.

**Promoter:** Veranstalter, der ein Konzert organisiert und für dessen Finanzierung und Vermarktung verantwortlich ist.

**Rigging:** Das Aufhängen von Traversen und technischem Equipment an der Decke des Veranstaltungsortes.

**Riser:** Eine erhöhte Plattform auf der Bühne, häufig für Schlagzeuger oder andere Musiker.

**Roadie:** Helfer für den Auf- und Abbau sowie für den Transport von Bühnenequipment. Oft auch als „Hand" bezeichnet.

**Runner:** Eine Person, die während des Konzerts Besorgungen und Erledigungen für die Band oder Crew macht.

**Running-Order:** Der vollständige zeitliche Ablauf einer Veranstaltung vom Get-In bis Curfew.

**Security:** Dienstleister zur rechtzeitigen Identifizierung von möglichen Gefahrenpotentialen und Durchführung präventiver

Maßnahmen zum Schutz aller Personen während einer Veranstaltung. Oft auch zur Durchführung der Zutrittskontrolle eingesetzt.

**Set:** Die Aufführung eines Künstlers oder einer Band.

**Setlist:** Die festgelegte Reihenfolge der gespielten Songtitel eines Konzerts.

**Showtime:** Der Zeitpunkt, an dem der Auftritt eines Künstlers/Band beginnt.

**Slot:** Vorgegebene Zeitspanne, in der eine Band ihren Auftritt hat.

**Soundcheck:** Technische Überprüfung und Einstellung der Tonanlage vor Beginn des Konzerts.

**Stage-Instructions:** Ein Plan, der den Aufbau einer Veranstaltung auf der Bühne inhaltlich detailliert und zeitlich regelt.

**Stage Left/Stage Right:** Aus der Sicht des Künstlers die linke bzw. rechte Seite der Bühne.

**Stage-Manager:** Die Person, die Abläufe auf und hinter der Bühne koordiniert.

**Stage-Plot:** Grafischer Plan, der die Anordnung der Instrumente und technischen Geräte auf der Bühne zeigt.

**Support-Act:** Vorgruppe, die vor dem Haupt-Act auftritt, um das Publikum anzuheizen.

**Technical-Rider (Tech-Rider):** Regelt als Bestandteil des Konzert-Vertrages die technischen Anforderungen an Bühnen-, Licht- und Tontechnik. Oft auch nur als „Rider" bezeichnet.

**Ticketing:** Der Prozess des Ticketverkaufs sowie die Kontrolle beim Einlass.

**Tour:** Eine Serie von Konzerten eines Künstlers oder einer Band, die in verschiedenen Städten oder Ländern stattfinden.

**Tourmanager:** Person, die sich während der Tour um alle Belange des Künstlers kümmert und oft auch die Honorarabrechnung mit dem Veranstalter durchführt.

**Underplay:** Ein Konzert, bei dem ein Künstler an einem kleineren Veranstaltungsort auftritt, als es seine Popularität zulassen würde.

**Venue:** Bezeichnet das Gebäude, in dem ein Event stattfindet.

**VIP-Area:** Abgegrenzter Bereich für besondere Gäste (Very Important Person) mit oftmals eigenen Annehmlichkeiten wie besserem Catering oder Sitzgelegenheiten.

**VIP-Package:** Ein Ticketpaket, das neben dem Konzertbesuch auch zusätzliche Vorteile wie die Teilnahme am Meet and Greet oder Merchandise-Artikel bietet.

**VVK:** Vorverkaufskasse, eine Verkaufsstelle, die Tickets für eine Veranstaltung verkauft.

**Wings:** Die Seiten der Bühne, die normalerweise für die Künstler zum Betreten und Verlassen der Bühne vorgesehen sind.

**Wristband:** Ein Armband, das als Zugangsberechtigung für Konzertbesucher oder als Identifikationsmittel dient. Auch als „Eintritts- oder Kontrollarmband" bezeichnet.

## Auf den Weg

Nun sind wir am Ende unserer Reise durch die Welt eines Konzert-Veranstalters angelangt. Du hast die faszinierende Architektur hinter den Kulissen eines Live-Konzerts kennengelernt, dir das nötige Wissen angeeignet und vielleicht bereits begonnen, dein eigenes Netzwerk in der Live-Szene zu spinnen.

Alle Bausteine, die du in diesem Buch kennengelernt hast, sind fundamental, doch möchte ich dir einen letzten, unverzichtbaren Faktor ans Herz legen: die Leidenschaft. Denn dieses pulsierende Herzstück ist es, was den wahren Veranstalter ausmacht. Nichts kann dein feuriges Engagement ersetzen, das du bei jeder Planung, bei jeder Verhandlung und bei jedem Konzert in deine Arbeit steckst. Es ist deine Begeisterung für Live-Musik, die Anspannung kurz vor dem Einlass, der Stolz, Teil einer unvergesslichen Nacht zu sein – es ist das, was deine Veranstaltungen zu etwas Besonderem machen wird.

Die Fachkenntnisse, die du hier erworben hast, sind das Fundament. Dein Netzwerk bildet die Wände, an denen du dich orientieren, entlanghangeln und manchmal auch festhalten kannst. Deine Erfahrungen, die du machen wirst, werden das Dach sein und dich vor Fehlern bewahren. Aber erst deine Leidenschaft wird dem ganzen Haus Leben einhauchen und es mit Wärme füllen. Glaube mir, das Publikum spürt, wenn ein Konzert mit Hingabe und Liebe zum Detail organisiert wurde. Erst mit ihr entsteht die Energie, die sich auf die Künstler und schließlich auf jeden einzelnen Konzertbesucher überträgt.

Ich entlasse dich nun mit dem Wunsch, dass du deine Träume und Ideen mit Mut und Begeisterung verfolgst und dass die Leidenschaft für das, was du tust, dir immer den richtigen Weg weisen wird. Fülle die Bühnen also nicht nur mit Technik und Talenten, sondern auch mit einer Unmenge Herzblut.

Dann bist du bereit für dein erstes Konzert als Veranstalter.